Gesamtherstellung: IVR Industrie- & Verlagsredaktion GmbH,
München.
Gestaltung: KES München, Michael Ewerbeck & Dieter Strothmann.

Printed in Germany.

ISBN 3-89350-195-9

EIER
KOCHBUCH

Angelika Ehrnsperger

EIER KOCHBUCH

Rezepte und Tips
rund um das wertvolle Ei

Weltbild

Gemüse-Gerichte

Suppen & Salate

7-Tage Eier-Diä

Vorspeisen & Zwischengerichte

Aufläufe & Gratins

Inhalt

Eier enthalten hochwertige Nährstoffe in besonders konzentrierter Form und werden bis heute als eines der wichtigsten Grundnahrungsmittel geschätzt.

Das Ei hat es in sich

Eine wertvolle Vielfalt

„Schlag' ein Ei drüber!" lautet zuweilen die lockere Aufforderung an jemanden, der irgendein Vorhaben aufgeben oder etwas erfolglos beenden soll. Wenn wir Ihnen hier raten, ganz bewußt ein Ei (oder auch mehrere) zu zerschlagen, so hat dies freilich nichts abschätziges an sich, sondern einen ganz realen und ernstgemeinten Hintergrund.

In vielen Kochbüchern – auch in diesem – wird oft empfohlen, zur Abrundung von Speisen ein Ei hinzuzufügen. Oder die Speise zu binden, zu lockern oder zu klären. Offensichtlich werden diese Anleitungen gerne befolgt, denn in Deutschland werden im Jahr mehr als 16 Milliarden Eier aufgeklopft. Das heißt, daß pro Kopf 266 Eier in irgendeiner Form gegessen werden – ob roh, gekocht, im Teig verbakken oder gebraten. Damit dürfte das Ei in seiner ungeahnten Vielfalt in der Gunst der Verbraucher mit zu den Spitzenreitern gehören. Zu Recht, denn das Ei ist einer der wichtigsten Energiespender auf unserem Speiseplan. Und hat damit durchaus auch gesundheitliche Aspekte. Nicht umsonst gibt es Diätpläne, in deren Mittelpunkt das Ei steht. Mediziner und Wissenschaftler sind sich einig, daß das Ei bezüglich der Wertigkeit unter biologischen Gesichtspunkten durch nichts zu ersetzen ist – vor allem in Kombination mit Kartoffeln. Und so sollte man tatsächlich dem Vorschlag eines Experten folgen, der „ein Ei täglich" empfiehlt. So gut wie alle lebenswichtigen Stoffe sind in den 50 oder 60 Gramm Frischei enthalten, manche in geballter Ladung. Wobei sogar Cholesterin-Gegnern widersprochen wird: Das „Kraftpaket" Ei ist ein ideales Nahrungsmittel und außerdem ist es die Ursprungssubstanz allen Lebens. Daher sollte das Ei nicht nur als Speise oder Zutat, sondern durchaus auch als Gesundheitsspender betrachtet werden.

Selbst wer eine Abmagerungskur plant, kann auf das Ei als ein hilfreiches und obendrein wohlschmekkendes Produkt zurückgreifen.

Daß wir Tag für Tag eine stattliche Anzahl von Eiern vertilgen können, haben wir dem lieben Federvieh zu verdanken, das jahraus jahrein Schwerstarbeit verrichtet. Eine gute Legehenne bringt es auf bis zu 350 Eier pro Jahr (sie gönnt sich also gerade 15 arbeitsfreie Tage), der Durchschnitt liegt immerhin noch bei 267 Eiern. Wobei in diesem Buch weder eine Diskussion über Legebatterien geführt werden soll noch über die altbekannte Frage, wer zuerst da war, das Ei oder die Henne.

Das Ei – ein gesundes Kraftpaket

Wie wir im Kapitel über das Brauchtum im Zusammenhang mit dem Ei erfahren werden, haben in der Mythologie übrigens auch andere Tiere das Eierlegen übernommen. Nicht nur der Osterhase wurde als Eiproduzent gehandelt, auch Störchen, Füchsen und sogar Eseln wurde das Eierlegen angedichtet.

Wie dem auch sei, das Ei ist nicht nur eines der wertvollsten, sondern auch eines der variabelsten Nah-

Spiele rund ums Ei – Mythos gestern und heute

rungsmittel. Auch wenn es oft heißt, daß ein Ei dem anderen gleicht. Und es begleitet einen eigentlich den ganzen Tag über: Egal ob Frühstück, Mittagessen, Nachmittagskaffee oder Abendessen, in irgendeiner Speise wird das Ei mit seinen vielfältigen Verwendungsmöglichkeiten mit Sicherheit eine Rolle spielen.

Was sich in der Handhabung beziehungsweise in der Zubereitung so leicht anläßt, spielte in der Vergangenheit eine wichtige Rolle. Das Ei produzierte nicht nur Leben, sondern auch viele Geschichten und hatte außerdem in der Geschichte einen äußerst hohen Stellenwert. So war es in vielen Ländern das Symbol für Fruchtbarkeit, die alten Ägypter, die alten Griechen und die alten Inder waren sogar der Meinung, daß das Universum aus dem Weltei hervorginge. Magische Kräfte wurden dem Ei zugeschrieben, es war verantwortlich für Glück oder Unglück. Aus diesen Glaubensdingen entwickelten sich die erstaunlichsten Bräuche, man denke nur an Ostern mit all den hintergründigen Spielen rund um das ovale Ei.

Lassen Sie sich überraschen, was sich hinter der Eierschale so alles versteckt. Wohl kein anderes Nahrungsmittel gibt soviel her wie das Ei – sowohl in der Küche als auch unter rein gesundheitlichen Aspekten.

Das Ei ist die Quelle des Lebens – und eines der hochgeschätzten Lebensmittel

Historie & Histörchen

Das Ei – zu allem fähig

Wenn man von der Geschichte des Eies spricht, muß man sich zwangsläufig mit der Henne beschäftigen. Und da interessiert weniger die Frage, wer zuerst da war, sondern vielmehr, woher unser eierlegendes Haushuhn eigentlich kommt. Banal beantwortet: Es kommt aus dem Dschungel. Und zwar aus dem indischen. Vor mehr als 5000 Jahren wurden die kleinen, gelbschalige Eier legenden Bankivahühner in Indien domestiziert. Die alten Griechen schließlich züchteten vor mehr als 2000 Jahren das Dschungelhuhn weiter und erfreuten sich alsbald diverser Eierspeisen. Dann nahm das Ei beziehungsweise das Huhn den Weg, den so viele Nahrungsmittel auf ihrer Reise um die Welt genommen haben: Von Griechenland ging es über Gallien nach Rom und von dort schließlich nach Germanien, wo es nicht nur begehrtes Nahrungsmittel wurde, sondern auch ein Symbol der Fruchtbarkeit.

Welchen Siegeszug das Ei dann im Laufe der Jahrhunderte antrat, mag der Bericht von Rudolf Habs beweisen, der bereits 1882 schrieb: "Meister Alexandre Balthasar Laurent Grimod de la Reyniere kannte schon im Jahre 1803 nicht weniger als 543 Eiergerichte. Jetzt (also 1882) zählen wir etwas über 600, und so würde ein besonderes Eierkochbuch ganz am Platze sein (was hiermit geschieht), sowohl der Kunst wie auch der Wissenschaft wegen". Und dann läßt sich Rudolf Habs über die Vielfalt der Eier aus, schwärmt über die verschiedenen Arten des Rühreies, lobt die Geschwader der Eierkuchen und preist die Spezialitäten wie Schönebecker Soleier, das Berliner Knickebein oder das Schweizer Fondue.

Nicht widersprochen werden kann seinem Fazit: „Kurz und gut, das Ei ist zu allem fähig".

Mit der Geschichte des Eies eng zu verknüpfen sind die Geschichtchen, die Legenden und die Bräuche, die sich hinter der Schale des wohlschmeckenden Ovals verbergen. So hatte das Ei nicht nur als wertvoller Energiespender seine herausragende Bedeutung, sondern auch im Glauben der Menschen. Praktisch überall auf der Welt galt das Ei als Sinnbild der Fruchtbarkeit, und im alten China wurden als Zeichen der Wiedergeburt Eier als Dank bei den Frühlingsfesten geopfert.

Symbol für Tod und Auferstehung

Welch wichtige Rolle das Ei im Altertum innehatte, belegt die Tatsache, daß die alten Ägypter, die alten Griechen und die Inder unverrückbar der Ansicht waren, daß das Universum aus dem Weltei hervorging. Völker und Stämme in Nordafrika sahen im Ei ein Symbol für Tod und Auferstehung der Gottheit in der ersten Mysterien-religion. Und auch die Christen setzten die Geburt aus dem Ei mit der Auferstehung gleich.

Aus diesem Glauben heraus entwickelte sich die Meinung, daß das Ei magische Kräfte habe und vor allem stetige Fruchtbarkeit garantiere. Was zum Beispiel in der Landwirtschaft zum Ausdruck kam. So schmierten germanische und slawische Bauern am Gründonnerstag

Das Geheimnis des Eies bewegt den Menschen seit je her

ihre Ackergeräte mit einem Teig aus Eiern, Mehl und Brot ein, auf daß die Saat prächtig gedeihe. Und natürlich wurde das Ei auch mit dem persönlichen Glück oder Unglück in Verbindung gebracht. So mußte zum Beispiel im 17. Jahrhundert eine Braut in Frankreich vor dem Betreten ihres neuen Heimes ein Ei auf der Türschwelle zerschlagen; andererseits brachte es Unglück, wenn Eier nach Einbruch der Dunkelheit ins Haus hinein- oder aus dem Haus herausgetragen wurden. Genauso rechnete man den Eierschalen üble Nachwirkungen zu. Die Römer vernichteten die Eierschalen völlig, weil sie Angst vor einer Verzauberung hatten, die Engländer glaubten, Hexen schrieben Zaubersprüche hinein und flögen mit ihnen herum und ganz generell stellten sie die bei der Wiedergeburt zerbrochene Welt dar.

Die bekanntesten Bräuche ranken sich jedoch um das Osterei. Wobei die Gepflogenheit, Eier zu färben und zu verschenken, bereits in der Antike bekannt war. Schon im alten China, in Persien und in Griechenland wurden bunt bemalte Eier an Freunde oder Bekannte weitergegeben. Wahrscheinlich brachten dann Kreuzfahrer die Sitte des Eierverschenkens in unsere Gefilde. Und im Großbritannien des Mittelalters war die beliebteste Farbe beim Eierfärben rot, während die Eier für den König gülden verziert waren. Warum bei uns allerdings der Osterhase die gefärbten Eier bringt und versteckt, ist bis heute noch nicht endgültig geklärt, zumal in anderen Ländern Fuchs, Storch, Kuckuck oder gar Esel die österlichen Eierlieferanten sind. Die ältesten Nachweise des Kinderglaubens, daß „Meister Lampe" die Eier bringt, stammen übrigens aus dem Saarland

Viele Osterbräuche sind erhalten

und dem Neckartal und datieren auf die Jahre 1638 beziehungsweise 1682. Und noch eine Information zu einer Abart des Ostereis: Die ersten Schokoladeneier wurden Ende des 19. Jahrhunderts verschenkt.

Wobei ja Ostereier nicht nur als Geschenke gedacht sind, sondern auch als prächtige Zierde zur Osterzeit und vor allem als Ausdruck der Freude, daß die Winterszeit nun endlich vorbei ist und der Frühling die Oberhand gewonnen hat. Oft sind ganze Familien damit beschäftigt, die Eier auszublasen, zu bemalen oder anderweitig zu verzieren. Dazu kommen die unzähligen Spiele, die rund um das Osterei erfunden wurden. Eier fangen, Eier rollen, Eier schlagen – den Variationen sind – fast – keine Grenzen gesetzt, denn irgendwann zerbricht auch das beste Ei. Und als würden sie wissen, daß das Ei an Ostern ein gefragtes Objekt ist, produzieren die Hühner in der Frühjahrszeit die meisten Eier im Jahr. Denn auch sie freuen sich, daß der kalte Winter vorbei ist.

Büsumer Eiersalat

Das Rezept dazu auf Seite 16

Suppen & Salate

750 g frisches, gemischtes Gemüse (z.B. Möhren, Erbsen, Lauch, Blumenkohl, Broccoli, Kohlrabi, grüne Bohnen)
1 Zwiebel
2 TL Butter
1 1/2 l Gemüse- oder Fleischbrühe
Salz, Pfeffer
1 Lorbeerblatt
300 g Bratwurstbrät
2 EL feingehackte Petersilie
2 EL Weinessig
4 Eier
einige Kerbel- oder Petersilienblättchen

Bunte Gemüsesuppe mit pochierten Eiern

Das Gemüse putzen und in mundgerechte Stücke schneiden. Die Zwiebel schälen und feinhacken. Die Butter in einem Suppentopf erhitzen, die Zwiebel darin glasig dünsten. Das vorbereitete Gemüse, Brühe und Gewürze zufügen, langsam aufkochen und etwa 30 Minuten leise köcheln lassen. Bratwurstbrät mit Petersilie verkneten, aus der Masse kleine Bällchen formen. Entweder kurz in heißem Fett rundherum anbraten oder sofort zum Garziehen in die Suppe geben. In einem flachen Topf Wasser, Essig und 1 Teelöffel Salz aufkochen. Die Eier einzeln in einer Suppenkelle aufschlagen. Portionsweise ins kochende Wasser gleiten und ohne Deckel 4 Minuten ziehen lassen. Mit einem Schaumlöffel herausheben, abtropfen und in die Suppenteller legen. Die Gemüsesuppe abschmecken und in die Teller verteilen. Mit Kerbel- oder Petersilienblättchen bestreuen.

Büsumer Eiersalat

8 Eier
3 Zwiebeln
4 EL Öl
150 g TK-Erbsen
4 EL weißer Essig
1 TL Salz
1/2 TL Pfeffer
1 TL Zucker
2 gekochte Kartoffeln (etwa 150 g)
150 g entkernte Salatgurke
150 g geschälte Nordseekrabben
1 Bund Schnittlauch

Eier in kochendes Wasser geben, 8 Minuten garen, in kaltem Wasser abkühlen lassen und schälen. Zwiebeln abziehen, in feine Würfel schneiden und im Öl glasig schwitzen, dann die Erbsen und 4 Eßlöffel Wasser dazugeben und zugedeckt 5 Minuten dünsten, danach vom Herd nehmen. Essig, Salz, Pfeffer, Zucker und kleingewürfelte Kartoffeln daruntermischen und den Salat 30 Minuten durchziehen lassen. Gewürfelte Gurke, Nordseekrabben und feine Schnittlauchringe erst kurz vor dem Anrichten unter den zimmerwarmen Salat mischen. Kurz vor dem Servieren die Eier halbieren und auf dem Salat anrichten.

Knusprige Eier auf Salat

Die Bohnen putzen und für etwa 5 Minuten in sprudelnd kochendes Salzwasser geben, sie sollen knakkig bleiben. Abgießen, eiskalt abschrecken und gut abtropfen lassen. Den geputzten Salat in Stücke zupfen. Paprikaschote halbieren, Stengelansatz und Kerngehäuse entfernen. Die Hälften in dünne Streifen schneiden. Die Pilze abbürsten, in Scheiben schneiden und sofort mit etwas Zitronensaft beträufeln.

Aus Essig, Öl, Salz und Pfeffer eine Marinade rühren. Alle Salatzutaten darin wenden. Den Salat dekorativ auf vier Tellern anrichten.

Den Speck würfeln. In einem kleinen Topf das Öl erhitzen. Zuerst die Speckwürfel darin knusprig werden lassen. Mit einem Schaumlöffel herausheben und auf dem Salat verteilen. Danach jedes Ei einzeln in eine Suppenkelle schlagen. Das Ei in das Öl hineingleiten lassen; das Eiweiß soll sich ganz um den Dotter schließen. Etwa 2-3 Minuten goldgelb backen. Die Eier mit der Schaumkelle herausnehmen, kurz auf Küchenpapier abtropfen lassen. So warm wie möglich auf den Salat setzen und sofort servieren.

250 g grüne Bohnen
1/2 Kopf Frissée-Salat
1 rote Paprikaschote
2 kleine rote Zwiebeln
100 g Champignons
1 EL Zitronensaft
2 EL Essig
4 EL Öl
Pfeffer
50 g durchwachsener Speck
etwa 1/4 l Öl zum Frittieren
4 Eier

- *300 g Suppenfleisch*
- *4 Rindermarkknochen*
- *1 Bund Suppengemüse*
- *Salz*
- *1/2 TL Pfefferkörner*
- *1/2 Zwiebel*
- *1 Msp. Muskat*
- *Für die Schöberl:*
- *3 Eigelb*
- *4 EL Mehl*
- *1 TL Butter*
- *50 g geriebenen Käse*
- *2 EL gehackten Schnittlauch*
- *3 Eiweiß*
- *Salz*
- *Margarine und Mehl für die Form*
- *1/2 EL gehackte Petersilie*

Schöberl-Suppe

Das Suppenfleisch und die Knochen unter kaltem Wasser abbrausen und mit ca. 1 1/2 Liter Wasser aufsetzen. Das gewaschene, geputzte Suppengemüse, Salz, Pfefferkörner und die Zwiebel dazugeben, aufkochen und in ca. 2 Stunden eine Fleischbrühe kochen. Währenddessen mit einem Schaumlöffel die Suppe immer wieder abschäumen. Das Fleisch herausnehmen und in Würfel schneiden. Die Brühe durchsieben, wieder in den Topf zurückgießen und das gewürfelte Fleisch dazugeben. Mit Salz, Pfeffer und Muskat abschmecken.

Für die Schöberln das Eigelb mit dem Mehl, weicher Butter, dem geriebenen Käse und dem Schnittlauch verrühren. Das Eiweiß mit Salz steifschlagen und unterziehen. Etwa die Hälfte eines Backblechs mit Margarine einfetten und mit Mehl bestäuben. Den Schöberl-Teig fingerdick aufstreichen und in dem auf 220 Grad vorgeheizten Backofen 15-20 Minuten backen. Dann abkühlen lassen und gleichmäßige Rhomben schneiden. Die Brühe mit dem Fleisch aufkochen, die Schöberln hineingeben und mit gehackter Petersilie bestreut servieren.

Grünes Süppchen mit pochierten Eiern

Erbsen und verlesenen Spinat waschen und abtropfen lassen. Zucchini mit Schale in Scheiben schneiden. Broccoli putzen, in kleine Röschen zerteilen, die Stiele in dünne Scheiben schneiden. Die Kräuter waschen, Blättchen von den Stielen zupfen, einige zum Garnieren beiseite legen. Die Gemüsebrühe aufkochen. Zunächst die Erbsen und den Broccoli hineingeben und 15 Minuten köcheln. Inzwischen in einem Topf 2 Liter Wasser mit Essig zum Kochen bringen. Die Eier einzeln in einer Suppenkelle aufschlagen, nacheinander ins siedende Wasser gleiten lassen und in 4 Minuten garen. Spinat und Zucchini in der Suppe kurz mitkochen. Die Eier mit der Schaumkelle herausheben, auf Küchenpapier kurz abtropfen lassen und die ausgefransten Eiweißränder mit einer Schere glattschneiden. Die Kräuterblättchen in die Suppe geben und mit Salz und Pfeffer abschmecken. In Teller füllen, obenauf ein Ei setzen und mit den restlichen Kräuterblättchen dekorieren.

200 g gepalte, grüne Erbsen
200 g Spinat
200 g Zucchini
200 g Broccoli
1 Bund Petersilie
1 Zweig Estragon
1-2 Blätter Liebstöckel
3/4 l Gemüsebrühe
Salz, Pfeffer
4 Eier
4 EL Essig

Spargel-Eiersalat

Den Spargel schälen und in hauchdünne Scheibchen schneiden. Den Weißwein, die Gemüsebrühe, den Zitronensaft und die Butter in einem Topf erhitzen, die Spargelscheiben darin kurz blanchieren, herausnehmen und abtropfen lassen. Die Champignons verlesen, in Scheiben schneiden und mit Zitronensaft beträufeln. Die geputzten Frühlingszwiebeln in feine Streifen, die gehäuteten, entkernten Tomaten in Würfel schneiden. Die Eier hartkochen, abschrecken, schälen und achteln. Die Salatzutaten in eine Schüssel geben und vorsichtig miteinander vermischen.
Für das Dressing den Joghurt, die Mayonnaise, den Orangensaft, den Senf und den Eierlikör in einer Schüssel verrühren. Mit Salz, Pfeffer, Cayennepfeffer und Zucker abschmecken und den Salat damit anmachen, in dekorative Schälchen anrichten und mit Kräuterzweigen garnieren.

400 g frischen Spargel
1 Glas Weißwein
1 Tasse Gemüsebrühe
Saft von 1/2 Zitrone
1 EL Butter oder Margarine
100 g frische Champignons
Saft von 1 Zitrone
4 Frühlingszwiebeln
2 Tomaten
6 Eier
1 Kästchen Kresse
Für das Dressing:
1 Becher Joghurt
1 Tasse Mayonnaise
Saft von 1 Orange
2 EL mittelscharfen Senf
4 cl Eierlikör
Salz
weißen Pfeffer aus der Mühle
1 Prise Cayennepfeffer
1 Prise Zucker
Kräuterzweige zum Garnieren

- *4 EL Olivenöl*
- *50 g durchwachsener, geräucherter Speck*
- *1 Zwiebel*
- *1 Stange Lauch*
- *4 EL Obstessig*
- *1 Tasse Gemüsebrühe*
- *Saft von 1 Zitrone*
- *Salz*
- *weißer Pfeffer aus der Mühle*
- *1 Prise Zucker*
- *1 Knoblauchzehe*
- *1 Prise Cayennepfeffer*
- *100 g Eisbergsalat*
- *100 g Frisseesalat*
- *100 g Radicchiosalat*
- *50 g gekochter Schinken*
- *50 g Emmentalerkäse*
- *8 Eier*
- *1 Liter Essigwasser*
- *1 Tasse gemischte, gehackte Kräuter*

Bauernsalat mit pochiertem Ei

Das Olivenöl in einer Pfanne erhitzen und den in feine Würfel geschnittenen Speck darin auslassen. Die Zwiebel und den Lauch putzen, in feine Würfel schneiden, zum Speck geben und glasig schwitzen. Mit Obstessig ablöschen, mit der Gemüsebrühe auffüllen und mit Zitronensaft, Salz, Pfeffer, Zucker, der feingehackten Knoblauchzehe und Cayennepfeffer würzen, dann das Ganze vom Feuer nehmen.

Den Salat putzen, waschen, gut abtropfen lassen und in mundgerechte Stücke zerpflücken. Den Schinken und den Käse in Streifen schneiden, mit dem Salat in eine Schüssel füllen und vorsichtig vermischen. Das Zwiebel-Lauchdressing darüber geben und alles miteinander vermischen.

Die Eier in Essigwasser pochieren, herausnehmen und abtropfen lassen. Den Salat anrichten, die pochierten Eier daraufgeben, mit gehackten Kräuter bestreuen und sofort servieren.

- *125 g frische Champignons*
- *20 g Butter*
- *1 abgezogene, entkernte rote Paprikaschote*
- *2 EL Crème fraiche*
- *Salz, Zwiebelsalz*
- *frisch gemahlener schwarzer Pfeffer*
- *4 feste kleine Salatköpfe*
- *2 EL Essig*
- *1/2 TL scharfer Senf*
- *2 EL Weißwein*
- *4 EL Nußöl*

Salatherzen mit gefüllten Eiern

Die Champignons feinhacken und in der Butter unter Rühren so lange dünsten, bis keine Flüssigkeit mehr vorhanden ist. Die Paprikaschote feinhacken und zusammen mit der Crème fraiche unter die Champignons mischen. Mit Salz, Zwiebelsalz und Pfeffer abschmecken. Von den Salatköpfen die äußeren grünen Blätter entfernen, die Köpfe gründlich waschen und gut abtropfen lassen. Die Blätter blütenartig auseinanderdrücken und die Salat-

- *1 TL feingehackte Schalotte*
- *2 EL gehackte Salatkräuter der Saison*
- *100 g Pökelzunge*
- *4 hartgekochte Eier*

herzen auf einer großen runden Platte anrichten. Essig und Senf verrühren, dann nach und nach Wein und Öl hineinschlagen. Mit der Schalotte würzen. Die Pökelzunge fein würfeln und zwischen die Salatblätter streuen, die Salatsauce über die Köpfe gießen. Die geschälten Eier vorsichtig längs halbieren und die Eidotter herauslösen. Das Eigelb in langen Fäden durch ein Haarsieb über die Salatherzen drükken. Die Eiweißhälften mit der Champignonfarce füllen und zwischen die Salatherzen setzen.

Gemüse-Eiersalat

6 Eier
1 Zwiebel
1 rote Paprikaschote
1 grüne Paprikaschote
100 g gekochten Schinken
1 kleine Dose Erbsen und Karotten
Für das Dressing:
1 Tasse Mayonnaise
1 Becher Magerjoghurt
1 EL mittelscharfen Senf
Saft von 1 Zitrone
einige Tropfen Worcestersauce
1/2 TL Curry
1 Msp. Cayennepfeffer
Salz
Pfeffer aus der Mühle
1 Prise Zucker
einige Tropfen Orangenlikör
Außerdem:
1 Salatgurke
einige Salatblätter
1 Kästchen Kresse

Die Eier hartkochen, unter kaltem Wasser abschrecken, schälen, erkalten lassen, dann in kleine Stücke schneiden. Die Zwiebel feinhacken, die Paprikaschoten putzen und in kleine Würfel schneiden. Den Schinken feinwürfeln, die Erbsen und Karotten gut abtropfen lassen. Alle Zutaten in eine Schüssel geben und vorsichtig miteinander vermischen. Für das Dressing die Mayonnaise mit dem Joghurt, Senf, Zitronensaft und der Worcestersauce glattrühren. Mit Curry, Cayennepfeffer, Salz, Pfeffer und Zucker kräftig abschmecken und mit Orangenlikör aromatisieren. Den Salat damit anmachen, nochmals abschmecken und 30 Minuten im Kühlschrank ziehen lassen. Die Salatgurke der Länge nach halbieren und mit einem Teelöffel das Kerngehäuse herausschaben. Nochmals quer halbieren und die Hälften auf Tellern anrichten. Einige Salatblätter darauflegen, den Eiersalat gleichmäßig auf die Gurken verteilen und mit verlesener, feingehackter Kresse bestreut servieren.

Makkaronisalat mit Eiern

125 g Makkaroni
4 hartgekochte Eier
1/2 Tasse kleingehackte Stangensellerie
1/4 Tasse gehackte Petersilie
1/4 Tasse feingeschnittene Schalotten
1/2 Tasse Mayonnaise
2 TL Senf
3/4 TL Salz
1 Prise Pfeffer
1 Tomate

Die Makkaroni in Stücke brechen und in Salzwasser bißfest kochen. Auf einem Sieb abtropfen und abkühlen lassen. Die geschälten Eier in Achtel schneiden. Acht Stücke zum Garnieren aufbewahren, die restlichen Eistücke mit den Makkaroni, den Selleriestücken, der gehackten Petersilie und den Schalotten vermischen. Mayonnaise, Salz, Senf und Pfeffer zugeben und leicht unterheben, anschließend in den Kühlschrank stellen. Vor dem Servieren mit Tomatenachteln und den restlichen Eiachteln garnieren.

Abendbrot-Salat

- 200 g Sellerie
- 1/4 l Wasser
- 1 TL Zitronensaft
- 1 Msp. Salz
- 150 g Rohschinken
- 150 g Emmentaler Käse
- 4 kleine Tomaten
- 1 Knoblauchzehe
- 4 hartgekochte Eier
- 1/2 Kopf Salat
- *Für die Salatsauce:*
- 1/8 l Sahne
- 4 EL Öl
- 3-4 EL Essig
- 1 EL gehackte Petersilie
- 1 EL gehackten Schnittlauch

Den Sellerie schälen und in kleine Würfelchen schneiden. Wasser, Zitronensaft und Salz aufkochen, den Sellerie hineingeben und darin 5 Minuten kochen, danach in der Brühe auskühlen lassen. Den Schinken und den Käse in feine Streifen schneiden. Die Tomaten waschen, halbieren, die Kerne ausdrücken und die Tomatenhälften in Achtel schneiden. Eine große flache Schale mit Knoblauch ausreiben. Die Eier pellen und mit dem Eischneider teilen. Den Kopfsalat zerpflücken, waschen und trockenschleudern. Eine Schale mit den Eischeiben und Salatblättern auslegen. Die Selleriewürfel, Schinkenwürfel, Käsestreifen und Tomaten mischen. Auf dem Teller bergartig anrichten. Die Salatsaucenzutaten verrühren, den Salat damit beträufeln, den Rest dazustellen.

Dazu paßt: Frisches Weißbrot

Eiersalat asiatische Art

- 1 Dose Thunfisch (200 g)
- 1 kleine Dose Mandarinen
- 4 hartgekochte Eier
- 50 g gefüllte Oliven
- 2 EL Öl
- 2 EL Zitronensaft
- 2 EL Sojasauce
- Salz, Pfeffer
- 1 Prise Zucker
- 1/2 Bund Petersilie

Thunfisch und Mandarinen gut abtropfen lassen. Den Thunfisch etwas zerpflücken, die geschälten Eier sowie die Oliven in Scheiben schneiden. Alles leicht mischen. Für die Marinade Öl mit Zitronensaft, Sojasauce, Salz, Pfeffer und Zucker verrühren, dann über den Salat gießen. Im Kühlschrank etwas durchziehen lassen, auf vier Teller verteilen und mit Petersilie garniert servieren.

Ostereier-Salat

- 2 EL Orangensaft
- 2 EL süßer Senf
- 1 TL scharfer Senf
- Salz, Pfeffer
- 1 Bund Schnittlauch
- 3-4 EL Öl
- 1 kleiner Kopf Grüner Salat
- 1 Paprikaschote
- 150 g Cocktailtomaten
- 6 hartgekochte Eier
- 100 g Tiefsee-Krabben

Für die Marinade den Orangensaft mit dem Senf, Salz, Pfeffer und in Röllchen geschnittenem Schnittlauch verrühren. Das Öl mit einer Gabel unterschlagen. Den Salat in Streifen schneiden und mit der geputzten, gewürfelten Paprikaschote sowie den halbierten Cocktailtomaten vermischen. Die Eier halbieren, mit den Krabben auf dem Salat verteilen und mit der Marinade begießen.

Eiersalat „Brunchtime“

Den Salat putzen, waschen, gut abtropfen lassen und in mundgerechte Stücke pflücken. Die Tomaten in kleine Würfel, die geputzten Paprikaschoten in Streifen und die Zwie-

beln und Radieschen in dünne Scheiben schneiden. Den Thunfisch und die Oliven abtropfen lassen. Den Schinken und den Käse übereinander legen, zusammenrollen und in zentimeterbreite Röllchen schneiden. Die Eier schälen und achteln.
Für das Dressing den Orangensaft, den Weißwein, den Senf, den Meerrettich und den Honig verrühren. Mit Salz, Pfeffer und Worcestersauce kräftig abschmecken, das Salatgemüse in eine Schüssel geben und damit anmachen. Die übrigen Salatzutaten darauf dekorativ anrichten und die Eiachtel darauflegen, mit frisch geschnittenem Schnittlauch bestreut servieren.

- *1 kleiner Kopf Grüner Salat*
- *2 Tomaten*
- *1 rote Paprikaschote*
- *1 grüne Paprikaschote*
- *1 Zwiebel*
- *1 Bund Radieschen*
- *1 Dose Thunfisch*
- *1 Glas gefüllte Oliven*
- *4 Scheiben gekochten Schinken*
- *4 Scheiben Butterkäse*
- *5 hartgekochte Eier*
- *Für das Dressing:*
- *1 Tasse Orangensaft*
- *1/2 Tasse Weißwein*
- *4 EL Olivenöl*
- *4 EL Obstessig*
- *1 EL mittelscharfen Senf*
- *1 EL Meerrettich*
- *1 EL Honig*
- *Salz*
- *Pfeffer aus der Mühle*
- *einige Tropfen Worcestersauce*
- *1 Bund Schnittlauch*

Eiersalat nordisch

- *200 g TK-Erbsen*
- *6 hartgekochte Eier*
- *100 g Räucherlachs*
- *70 g Krabben aus der Dose*
- *50 g Mayonnaise*
- *1/8 l saure Sahne*
- *Salz*
- *Pfeffer aus der Mühle*
- *1 Prise Zucker*
- *Saft von 1/2 Zitrone*
- *1 Bund Petersilie*

Die Erbsen nach Vorschrift kochen, abkühlen und abtropfen lassen. Die geschälten Eier in Scheiben, den Räucherlachs in Streifen schneiden. Die Zutaten mit den abgetropften Erbsen und Krabben vorsichtig vermischen. Für die Marinade die Mayonnaise mit der sauren Sahne leicht schaumig schlagen. Mit Salz, Pfeffer, Zucker und Zitronensaft abschmecken. Die Hälfte der feingehackten Petersilie dazugeben, über die Salatzutaten verteilen und locker unterheben. Den Salat im Kühlschrank etwas durchziehen lassen. Vor dem Servieren mit der restlichen Petersilie garnieren.

- 500 g gekochte Pellkartoffeln
- 1 feingehackte Zwiebel
- 1 kleine gehackte Essiggurke
- 1/2 Tasse Mayonnaise
- 2 TL mittelscharfer Senf
- 2 EL Joghurt
- 1 TL Salz
- 1/4 TL weißer Pfeffer
- 1-2 EL Weinessig
- 2 EL gehackte Petersilie
- 4 hartgekochte Eier

Grüner Spargelsalat mit Ei

(für 1 Portion)

- 200 g grüner Spargel
- 1 hartgekochtes Ei
- Für die Sauce:
- 1 EL Mayonnaise
- 1 EL saure Sahne
- 1/2 TL mittelscharfer Senf
- weißen Pfeffer aus der Mühle
- 1 EL gehackte Petersilie
- 1 Msp. Salz

Vom Spargel die Enden großzügig abschneiden, grüner Spargel braucht nicht geschält zu werden. Die Spargelstangen ein- bis zweimal durchschneiden. In einem Topf Wasser mit einem kleinen Stück Butter, etwas Salz und einer Prise Zukker aufkochen. Den Spargel darin etwa 8-10 Minuten garen, sie dürfen nicht zu weich werden. Danach auf einem Sieb abtropfen und auskühlen lassen. Das Ei pellen und in Scheiben schneiden. Die Spargelstücke und Eischeiben auf einem flachen Teller anrichten. Die Saucenzutaten zusammenrühren und über den Salat geben. Bei Zimmertemperatur ca. 60 Minuten ziehen lassen.

Deutscher Kartoffelsalat

Die Kartoffeln pellen und in dünne Scheiben schneiden. Die übrigen Zutaten – bis auf die Eier – in eine Schüssel geben und verrühren. Die Eier halbieren, die Eidotter herausnehmen, mit einer Gabel zerdrükken und in die Mayonnaise-Mischung einrühren. Die Eiweißhälften feinhacken und zu den Kartoffelscheiben geben. Die Sauce über die Kartoffeln gießen und gut vermischen. Den Salat abschmecken und kühl servieren.

Der Tip

Als Variante kann anstatt der Petersilie auch 1 EL gehackte, frische Minzblättchen untergemengt werden.

Muschelsuppe mit Eierblumen

- 1 EL Butter
- 1 Zwiebel
- 2 Karotten
- 1 kleine Zucchini
- 1 Stück Staudensellerie
- 50 g eingeweichte, chinesische Pilze
- 3/4 l Fleischbrühe
- 2 EL Sojasauce
- 2 EL Obstessig
- 1 EL Honig
- Salz
- Pfeffer aus der Mühle
- 1 Prise Ingwerpulver
- 1 TL Curry
- 1 Prise Cayennepfeffer
- 2 Tomaten
- 50 g gekochten Schinken
- 250 g Muschelfleisch
- 4 Eier
- 4 EL Sahne
- 1/2 Bund Schnittlauch
- 1 EL Butter

Die Butter in einem Topf erhitzen und das geputzte, gewaschene und in dünne Streifen geschnittene Gemüse darin glasig schwitzen. Die in dünne Streifen geschnittenen Pilze dazugeben, mit der Brühe auffüllen, mit der Sojasauce, dem Obstessig, dem Honig und den Gewürzen kräftig abschmecken und bei mittlerer Hitze 10 Minuten köcheln lassen. Die enthäuteten, entkernten Tomaten und den Schinken in Streifen schneiden, mit dem gut abgetropften Muschelfleisch in die Suppe geben und alles zusammen nochmals erhitzen. Die Eier mit der Sahne und dem kleingeschnittenen Schnittlauch in einer Schüssel verschlagen, salzen, pfeffern und in einer Pfanne mit etwas Fett stocken lassen. Mit einem Messer oder einer Gabel zerpflücken und die kleinen Stückchen in die Suppe geben, nochmals abschmecken und servieren.

Eiersalat einmal anders

- 1 Kopfsalat
- 1 Apfel
- 6 hartgekochte Eier
- 250 g Fleischwurst
- 3 EL Mayonnaise
- 1 Becher Joghurt
- je 1 Prise Salz, Pfeffer, edelsüßer Paprika
- Essig
- 1/4 TL Senf
- 1 Bund Petersilie
- 1 Tomate

Salat putzen, waschen, gut abtropfen lassen und etwas zerpflücken. Apfel in Stücke, Eier und Fleischwurst in Scheiben schneiden. Alles mit den Salatblättern vermischen. Mayonnaise, Joghurt, Salz, Pfeffer, Paprika, Essig, Senf und feingehackte Petersilie verrühren und den Salat damit anmachen. Mit geschnittener Tomate garniert servieren.

Gemüsesuppe mit verlorenen Eiern

Das Suppengemüse in der Fleischbrühe erhitzen, die Suppe mit Salz und Pfeffer würzen und mit den Kräutern abschmecken. Das Wasser mit Salz und Essig zum Kochen bringen, die Eier einzeln in eine Schöpfkelle aufschlagen, dann vorsichtig in das Wasser gleiten lassen und etwa 6-8 Minuten mehr ziehen als kochen lassen. Dann die Eier herausnehmen, die unregelmäßigen Eiweißränder etwas beschneiden und in der Gemüsesuppe servieren.

- *450 g TK-Suppengemüse*
- *1 1/2 l Fleischbrühe*
- *Salz*
- *Pfeffer*
- *2 EL gehackte Kräuter (Schnittlauch und Petersilie)*
- *1 1/2 l Wasser*
- *2 TL Salz*
- *4 EL Essig*
- *4 Eier*

- 5 Eier
- 1 große Tomate
- 1 Stengel Staudensellerie
- 1 TL Kapern
- 20 g Edelpilzkäse
- 2-3 EL Milch
- Pfeffer, Salz
- 8 Scheiben luftgetrockneter Schinken
- 8 makellose Blätter Kopfsalat

Schinken-Tüten mit Eiersalat

Die Eier in 10-12 Minuten hartkochen, anschließend kalt abschrekken. Die Tomate mit kochendem Wasser überbrühen, abschrecken und häuten, dann halbieren und die Kerne entfernen. Das Tomatenfleisch in Stückchen schneiden. Staudensellerie waschen und in feine Scheibchen schneiden. Die Kapern grob hacken, die Eier pellen und in große Würfel schneiden. Alle kleingeschnittenen Zutaten in einer Schüssel vermengen. Den Edelpilzkäse mit einer Gabel zerdrücken und mit der Milch glattrühren. Unter den Salat heben, mit Salz und Pfeffer würzig abschmecken. Auf jede Schinkenscheibe ein Salatblatt legen. Den Eiersalat gleichmäßig darauf verteilen und den Schinken tütenartig aufrollen.

Der Tip

Rohe, angesprungene Eier können ohne weiteres gekocht werden, wenn man sie fest in Alufolie wickelt.

Rheinische Eiersuppe

- 1/2 l Wasser
- 100 g Zucker
- 1 Prise Salz
- 1 Zimtstange oder 1 Stück Ingwer
- 50 g Butter
- 50 g Mehl
- 1 Flasche Weißwein
- 3 Eier
- etwas Zitronensaft

Wasser mit Zucker, Salz, Zimtstange oder Ingwer einige Minuten kochen lassen. Die Butter in einem Topf erhitzen, das Mehl darin anschwitzen und nach und nach unter Rühren mit dem gekochten Wasser auffüllen. Den Wein zugießen und nur noch erhitzen, nicht mehr kochen lassen. Die Eier mit Zitronensaft verrühren, tropfenweise eine knappe Tasse Suppe unterquirlen, dann zur übrigen Suppe geben. Die Suppe kann sowohl gut gekühlt als auch heiß serviert werden.

Tomaten-Eier-Suppe

Den Sellerie in der heißen Butter andünsten. Die Tomatensuppe zufügen, die leere Dose mit Wasser füllen und mit der Sahne in die Tomatensuppe geben. Die Suppe unter Rühren erhitzen und einige Minuten leicht köcheln lassen. Mit Worcestersauce und Tabasco abschmekken. Die Eier in einer Schüssel mit Muskat, Cognac und Salz verrühren und langsam in die Suppe einlaufen lassen. Vor dem Servieren den gehackten Schnittlauch auf die Suppe streuen.

6 EL kleingeschnittener Staudensellerie
40 g Butter
1 Dose Tomatensuppe
1/4 l Sahne
1 TL Worcestersauce
einige Tropfen Tabasco
3 Eier
etwas geriebene Muskatnuß
1 cl Cognac
1 Prise Salz
1 Bund Schnittlauch

500 g Zwiebeln
75 g durchwachsenen, geräucherten Speck
2 EL Schweineschmalz
1 kleine Stange Lauch
1 Glas Weißwein
3/8 l Gemüse- oder Fleischbrühe
1 TL Majoran
1 TL Kümmel
1 Prise Cayennepfeffer
Salz
schwarzen Pfeffer aus der Mühle
2 EL Butter oder Margarine
4 Eier
1 Bund Schnittlauch

Prager Zwiebelsuppe

Die Zwiebeln in dünne Scheiben, den Speck in feine Würfel schneiden. Die Speckwürfel mit dem Schweineschmalz in einem Topf auslassen. Die Zwiebeln hinzufügen und glasig schwitzen. Den Lauch putzen, in Streifen schneiden, zu den Zwiebeln geben und kurz mitschwitzen. Mit Weißwein ablöschen, dann mit der Gemüse- oder Fleischbrühe auffüllen. Mit Majoran, Kümmel, Cayennepfeffer, Salz und schwarzem Pfeffer kräftig würzen. Das Ganze bei mäßiger Hitze 10-15 Minuten köcheln lassen. Die Butter oder Margarine in einer Pfanne erhitzen, die Eier in einem Topf verschlagen, mit Salz und Pfeffer würzen und im Fett unter ständigem Rühren stocken lassen. Den Schnittlauch feinschneiden, zu den gestockten Eiern geben und mit einer Gabel das Ganze zerpflücken. Die Eierflocken unter die Suppe heben, die Zwiebelsuppe nochmals abschmekken, anrichten und sofort servieren.

75 g Karotten
75 g Eisbergsalat
75 g Sojabohnenkeimlinge
75 g Weizensprossen
4 Tomaten
6 hartgekochte Eier
1 Tasse frische Kräuter
2 Becher Joghurt
Saft von 1 Zitrone
Salz
weißer Pfeffer aus der Mühle
1 Prise Cayennepfeffer
1 Prise Zucker
Kräuterzweige zum Garnieren

Guten-Morgen-Salat

Die Karotten schälen und fein raspeln, den Eisbergsalat verlesen, waschen, abtropfen lassen und in mundgerechte Stücke zerpflücken. Die Sojabohnenkeimlinge und die Weizensprossen unter fließendem Wasser abwaschen und ebenfalls abtropfen lassen. Die Tomaten enthäuten, entkernen und in Würfel schneiden. Die Salatzutaten in eine Schüssel geben und vorsichtig miteinander vermischen. Die Eier schälen, kleinschneiden und mit den gehackten Kräutern unter den Salat heben. Den Joghurt mit dem Zitronensaft glattrühren, mit Salz, Pfeffer und Zucker abschmecken. Den Salat in Gläser füllen, mit dem Dressing überziehen, mit Kräuterzweigen garnieren und sofort servieren.

Eier-Spinat-Salat

200 g frischer, junger Blattspinat
150 g gekochte Spargelspitzen
100 g Zwiebeln
250 g Fleischwurst
6 hartgekochte Eier
Für die Marinade:
2 EL Weinessig
1/4 TL Salz
4 EL Öl
weißer Pfeffer
1 EL gehackte gemischte Kräuter (Dill, Petersilie, Schnittlauch)

Den Spinat verlesen, unter fließendem kalten Wasser abbrausen und gut ausschütteln. Die Zwiebel abziehen und in dünne Ringe schneiden, die Wurst pellen und in Scheiben, diese dann in 1 cm breite Streifen schneiden. Die Eier vierteln oder achteln. Die Salatzutaten locker auf 4 Teller anrichten. Den Essig mit dem Salz verrühren, bis es gelöst ist, dann Öl, Pfeffer und die Kräuter unterrühren. Abschmecken und löffelweise über den Salat träufeln.

Kerbelsuppe mit verlorenen Eiern

4 Eier
Salzwasser
1 Schuß Essig
200 g frischer Kerbel
50 g Butter
1 l Rindfleisch-Bouillon
2 EL dicke saure Sahne

Die Eier einzeln in eine Kelle oder Tasse aufschlagen und in das mit Essig gewürzte, siedende Salzwasser gleiten lassen. Den Topf vom Herd nehmen und die Eier im geschlossenen Topf 3 bis 4 Minuten ziehen lassen. Sie sind fertig, wenn das Eiweiß fest und das Eigelb geschlossen ist. Die pochierten Eier mit einer Schaumkelle herausheben, auf ein Küchentuch geben und die zerfransten Ränder abschneiden. Die Eier zum Warmhalten in warmes Wasser legen. Den verlesenen Kerbel abspülen, gründlich trockenschwenken und feinhacken. Die Butter in einem großen Topf erhitzen und gut 150 g Kerbel darin vorsichtig andünsten. Mit der heißen Bouillon auffüllen und einmal aufkochen lassen, dann vom Herd nehmen und mit der Sahne mischen. Die Eier in vier Suppentassen geben und mit der Kerbelsuppe auffüllen. Mit dem restlichen Kerbel bestreuen und sofort servieren.

- 9 Eier
- 9 EL Milch
- Salz
- weißer Pfeffer
- 1 Msp. Muskat
- 2 EL Butter
- 1 Bund Schnittlauch
- 150 g Lachsschinken
- 4 große Stücke Tomatenpaprika (Glas)
- ca. 10 Salatblätter
- 1 Glas Sardellenfilets

Pikanter Rühreisalat

Die Eier mit der Milch verquirlen, mit Salz, Pfeffer und Muskat würzen. Die Butter in einer Pfanne zerlassen, die verquirlten Eier hineingeben und unter Rühren stocken, dann etwas abkühlen lassen. Den Schinken und die Tomatenpaprika in kleine Würfel schneiden. Eine Glasschale dekorativ mit Salatblätter belegen und die Rühreier daraufgeben. Die Schinken- und Paprikawürfel in die Mitte setzen und die Sardellenfilets in Röllchen dazugarnieren. Mit Schnittlauch bestreut servieren.

Kresse-Sahne-Suppe mit Eierstich

- 10 g Butter
- 1 Bund Suppengrün
- 50 g Champignons
- 400 ml Sahne
- 50 g Brunnenkresse oder Gartenkresse

Für die Einlage:

- 2 Eier
- 1 1/2 EL Tomatenmark
- 1 Prise Kräutersalz
- weißer Pfeffer
- Butter zum Einfetten

Die Butter erhitzen, das geputzte und kleingeschnittene Suppengrün und die geputzten Champignons hinzufügen und mit 1/2 l Wasser auffüllen. Erhitzen und etwa 20 Minuten zugedeckt kochen lassen. Inzwischen für den Eierstich die Eier mit 3 Eßlöffel Sahne und dem Tomatenmark vermischen, mit Salz und Pfeffer würzen. Eine Tasse mit der Butter einfetten, die Eiermasse hineinfüllen und im Wasserbad ca. 20 Minuten stocken, dann in der Tasse abkühlen lassen, herausstürzen und in kleine Würfel schneiden. Danach die abgekühlte Gemüsebrühe im Mixer pürieren, durch ein Sieb abseihen, mit 300 ml Sahne auffüllen und erhitzen. Die restliche Sahne mit den Kresseblättchen (einige zur Garnierung zurückbehalten) im Mixer feinpürieren und unter die nicht mehr kochende Suppe ziehen. In Teller geben und mit Eierstich und Kresseblättchen garnieren.

Blumenkohlsuppe mit verlorenen Eiern

Den Blumenkohl putzen, waschen, in kleine Röschen zerteilen, dann im Salzwasser ca. 10 Minuten garen. Herausnehmen und abtropfen lassen. Die Butter zerlassen, das Mehl hinzufügen und so lange rühren, bis kleine Bläschen entstehen. Dann die Butter-Mehl-Masse unter ständigem Rühren mit dem Schneebesen nach und nach mit der lauwarmen Gemüsebrühe auffüllen. Die Suppe 10 bis 15 Minuten bei schwacher Hitze kochen lassen. Inzwischen die 2 Liter Wasser, Salz und Essig in einem flachen Topf zum Kochen bringen. Die Eier aufschlagen, nacheinander in eine Kelle geben, in den kochenden Sud gleiten und in dem nicht mehr kochenden Sud 4 Minuten ziehen lassen. Danach die Eier herausnehmen und in kaltes Wasser tauchen. Das Eigelb mit der Sahne und etwas heißer Suppe verrühren und die Suppe damit legieren. Nun die Blumenkohlröschen in der Suppe erwärmen und mit Salz, Pfeffer, Muskat und Zitronensaft abschmekken. Vor dem Servieren die verlorenen Eier in die Suppe geben und kurz darin erhitzen.

1 kleiner Blumenkohl (ca. 500 g)
3/4 l Wasser
1 TL Salz
40 g Butter
30 g Mehl
2 l Wasser
1 EL Salz
2 EL Essig
4 Eier
1 Eigelb
1/10 l saure Sahne
Salz, Pfeffer, Muskat
Zitronensaft

Pfifferlings-eier auf Feldsalat

Das Rezept dazu auf Seite 43

Vorspeisen & Zwischengerichte

- 16 hartgekochte Eier
- 2 Zwiebeln
- 1 rote Paprikaschote
- 1 grüne Paprikaschote
- 1 große Stange Lauch
- 2 Äpfel
- 3/4 l Essig
- 1/2 l Apfelsaft
- 150 g Zucker
- 3 EL Curry
- 1 kleines Glas Mango Chutney
- 3 Zimtstangen
- 1 EL Korianderkörner
- 2 EL Senfkörner
- 1 EL weiße Pfefferkörner
- 4 Knoblauchzehen

Curryeier

Die hartgekochten Eier schälen und bereitstellen. Die geschälten Zwiebeln, die halbierten, entkernten Paprikaschoten sowie den geputzten Lauch in Streifen schneiden. Die Äpfel schälen, entkernen und in Scheiben schneiden. Den Essig, Apfelsaft, Zucker, Curry und Mango Chutney miteinander vermischen und in einem Topf zum Kochen bringen. Die Zimtstange, Korianderkörner, Senfkörner und Pfefferkörner hinzufügen. Die Knoblauchzehen schälen, feinhacken, mit dem Gemüse in den Sud geben und bei mäßiger Hitze 5-8 Minuten kochen. Die Äpfel sowie die Eier in den Sud legen und weitere 5-10 Minuten ziehen lassen.Die Curryeier je nach Geschmack mit Salz abschmekken, in ein sauberes Einmachglas füllen und 2 Tage im Kühlschrank ziehen lassen, herausnehmen und servieren.

Sonntagsbrötchen mit Eiern und Sprossen

Die Eier, je nach Größe, in 10-12 Minuten hartkochen, dann eiskalt abschrecken. Gurke waschen und längs halbieren, die Kerne mit einem Löffel entfernen. Gurke in feine Würfelchen schneiden, dann mit den Sprossen vermischen. Vom Dill ein paar schöne Spitzen beiseite legen, den Rest feinschneiden. Mit dem Öl unter die Gurken-Sprossen-Mischung rühren. Die Masse mit Zitronensaft, Salz und Pfeffer würzen. Die Eier pellen und in kleine Würfel schneiden. Die Würfel vorsichtig unter die Füllung heben und abschmecken. Die Salatblätter kurz abspülen und trockentupfen. Von den Brötchen einen Deckel abschneiden, etwas aushöhlen. Brötchen mit den Salatblättern auslegen, obenauf die Eierfüllung geben. Mit Dillspitzen garnieren. Die Brötchendeckel schräg aufsetzen.

- *4 Eier*
- *1 Stück Gurke (200 g)*
- *1 Handvoll Alfalfasprossen*
- *1 Bund Dill*
- *1 TL Öl*
- *Zitronensaft*
- *Salz*
- *weißer Pfeffer*
- *4 schöne große Salatblätter*
- *4 runde Brötchen*

- 125 g Philadelphia-Frischkäse
- 1 EL Mayonnaise
- 3 EL gehackte Rosinen
- 1/4 TL gemahlener Zimt
- 1/4 TL gemahlener Muskat
- 1/2 TL Salz
- 4 hartgekochte, gehackte Eier
- Butter zum Bestreichen
- Cräcker

Pikanter Ei-Käse-Aufstrich

Den Frischkäse mit der Mayonnaise in eine Schüssel geben und mit dem Schneebesen verrühren. Nach und nach die übrigen Zutaten untermischen, abschmecken und auf butterbestrichene Cräcker streichen.

Feiner Eiertoast

- 2 Hähnchenbrustfilets
- Salz
- weißen Pfeffer
- 2 EL Butterschmalz
- 1 Zwiebel
- 1 rote Paprikaschote
- 1 Schuß Weißwein
- 1 kleine Dose Mischpilze
- Saft von 1 Zitrone
- 3/4 l helle Sauce
- 2-3 EL Crème fraiche
- 2 EL gehackte Petersilie
- 2 EL gehackte Zitronenmelisse
- etwas Worcestersauce
- Essigwasser
- 4 Eier
- 4 Scheiben Weißbrot
- Kräuterzweige zum Garnieren

Die Hähnchenbrustfilets unter fließendem Wasser abwaschen, trokkentupfen und in feine Würfel oder Streifen schneiden. Das Fleisch mit Salz und Pfeffer würzen. Butterschmalz in einem Topf erhitzen und das Hähnchenfleisch darin kräftig Farbe nehmen lassen. Die geschälte Zwiebel und die halbierte, entkernte Paprikaschote in feine Würfel schneiden, zum Fleisch geben und kurz mitschwitzen. Mit einem Schuß Weißwein ablöschen, den Topf verschließen und bei mäßiger Hitze 10-15 Minuten schmoren lassen. Dann die gut abgetropften Mischpilze sowie den Zitronensaft zufügen und mit der hellen Sauce auffüllen. Bei mäßiger Hitze 5-10 Minuten köcheln lassen, anschließend mit Crème

fraiche verfeinern, die Petersilie und Zitronenmelisse unterziehen, mit Worcestersauce, Zitronensaft, Salz und Pfeffer würzen und abschmekken.
Das Essigwasser erhitzen und die Eier darin pochieren. Die Weißbrotscheiben toasten und auf einem Teller anrichten. Die pochierten Eier daraufgeben, mit dem Hähnchenragout überziehen, mit Kräuterzweigen garnieren und servieren.

Gefüllte Eierchampignons

Die Champignonköpfe verlesen, putzen und die Stiele herausdrehen. Die Stiele und Champignonköpfe mit Zitronensaft beträufeln. Die Champignonstiele grob hakken. Die Butter in einer Pfanne erhitzen und die geschälte und feingehackte Zwiebel darin glasig schwitzen. Die Champignonstiele dazugeben und kurz mitdünsten. Die Krabben oder Crevetten unter fließendem Wasser abwaschen, trockentupfen, zu den Zwiebeln geben und ebenfalls kurz mitschwitzen. Das Ganze mit Zitronensaft, Worcestersauce, Salz und Pfeffer kräftig würzen, den feingehackten Dill untermischen. Die Krabben in die Champignonköpfe füllen, die Eier schälen und vierteln. Die Mozzarellascheiben gleichmäßig auf die Krabben verteilen. Eine feuerfeste Form ausfetten und die gefüllten Champignonköpfe einsetzen. Die Eiviertel dazugeben und das Ganze im auf 180 Grad vorgeheizten Backofen 6-8 Minuten überbacken. Anschließend auf dekorativen Tellern anrichten, mit Kräuterzweigen garnieren und servieren.

8 große Champignonköpfe
Saft von 1 Zitrone
2 EL Butter
1 Zwiebel
100 g Krabben oder Crevetten
einige Tropfen Zitronensaft
einige Tropfen Worcestersauce
Salz
weißen Pfeffer aus der Mühle
1/2 Bund Dill
4 hartgekochte Eier
8 Scheiben Mozzarellakäse
Kräuterzweige zum Garnieren

- 6 hartgekochte Eier
- 50 g feine Kalbsleberwurst
- 1 EL Preiselbeerkompott
- 2 EL Crème fraiche
- 2 EL gehackte Petersilie
- Salz
- Pfeffer aus der Mühle
- 1 Msp. Cayennepfeffer
- gefüllte Oliven
- Petersilienzweige

Eier mit Leberschaum

Die Eier halbieren, das Eigelb herausnehmen, durch ein Sieb streichen und mit der Leberwurst, dem Preiselbeerkompott, der Crème fraiche und der Petersilie verrühren. Mit Salz, Pfeffer und Cayennepfeffer würzen. Die Masse in die Eihälften spritzen und jede Hälfte mit in Scheiben geschnittenen Oliven und Petersilienzweigen garnieren.

Der Tip

Wenn beim Kochen die Eier platzen: Ein Schuß Essig verhindert das Auslaufen des Eiweißes.

- 6 hartgekochte Eier
- 100 g rohen Schinken
- 1 Zwiebel
- je 2 EL Schnittlauch und Petersilie
- 4 EL Mayonnaise
- 2 EL Sahne
- einige Tropfen Weinbrand
- Salatblätter

Schinkeneier

Die Eier halbieren und das Eigelb herausnehmen. Den Schinken in kleine Würfel schneiden, die geschälte Zwiebel feinhacken. Den Schinken und die Zwiebel mit den gehackten Kräutern vermischen und in die Eier füllen. Die Eigelb durch ein Sieb streichen, mit der Mayonnaise und der Sahne glattrühren, mit Weinbrand aromatisieren, mit Salz und Pfeffer abschmekken. Die Salatblätter anrichten, die gefüllten Eier daraufgeben und mit der Weinbrandcreme überziehen. Mit Kräuterzweigen (Petersilie, Zitronenmelisse) garniert servieren.

Eierschnitte mit Krabben

Das Bauernbrot dünn mit Butter oder Margarine bestreichen. Die Eier in eine Schüssel geben, mit der Sahne und dem geschnittenen Schnittlauch vermischen und kräftig durchschlagen. Mit Salz, Pfeffer, Muskat und Cayennepfeffer würzen. Butter oder Margarine in einer Pfanne erhitzen, die Eier dazugeben und unter ständigem Rühren stocken lassen. Vom Feuer nehmen und auf den Brotscheiben verteilen. Die Krabben oder Crevetten im verbliebenen Bratfett kurz braten. Mit Zitronensaft ablöschen, mit Worcestersauce, Salz und Pfeffer würzen. Die Krabben gleichmäßig auf den Eiern verteilen, mit Dillzweigen garnieren und servieren.

- *4 Scheiben deftiges Bauernbrot*
- *Butter oder Margarine*
- *6 Eier*
- *2 EL Sahne*
- *1 Bund Schnittlauch*
- *Salz*
- *schwarzen Pfeffer aus der Mühle*
- *1 Prise Muskatpulver*
- *1 Prise Cayennepfeffer*
- *200 g Krabben oder Crevetten*
- *Saft von 1 Zitrone*
- *etwas Worcestersauce*

Pfifferlingseier auf Feldsalat

Die Eier in eine Schüssel geben und mit der Crème fraiche verschlagen. Mit Salz, Pfeffer und Muskat würzen. Die Butter oder Margarine in einer Pfanne erhitzen und den in kleine Würfel geschnittenen Speck darin auslassen. Die feingehackte Zwiebel dazugeben und kurz mitschwitzen, dann die geputzten Pfifferlinge zufügen und 5 Minuten mitdünsten. Die verlesenen, gewaschenen und kleingehackten Kräuter untermischen, mit Salz und Pfeffer würzen und in kleine, gut gefettete Auflaufförmchen füllen. Die Eimasse darauf verteilen, die Förmchen so lange ins Wasserbad stellen, bis die Eier gestockt sind. Den Feldsalat verlesen, waschen, gut abtropfen lassen und auf vier Tellern anrichten. Mit Salz, Pfeffer, Essig und Öl würzen. Die Pfifferlingseier auf den Salat stürzen und sofort servieren. Dazu reicht man Toast, Butter und einen trockenen Weißwein.

- *8 Eier*
- *1 Tasse Crème fraiche*
- *Salz*
- *weißen Pfeffer aus der Mühle*
- *1 Prise Muskat*
- *2 EL Butter oder Margarine*
- *100 g durchwachsenen, geräucherten Speck*
- *1 Zwiebel*
- *400 g frische Pfifferlinge*
- *1/2 Bund Schnittlauch*
- *1/2 Bund Petersilie*
- *100 g frischen Feldsalat*
- *einige Tropfen Estragonessig*
- *einige Tropfen Olivenöl*

Käseeier

- 6 hartgekochte Eier
- 1 Zwiebel
- 2 Frühlingszwiebeln
- 50 g durchwachsenen, geräucherten Speck
- je 2 EL gehackte Petersilie und Schnittlauch
- Salz
- Pfeffer aus der Mühle
- 1 Prise Muskat
- 4 EL Crème fraiche
- 50 g geriebenen Parmesan
- Endivienblätter

Die Eier halbieren und das Eigelb herausnehmen. Die Zwiebel und die Frühlingszwiebeln feinhacken. Den in kleine Würfel geschnittenen Speck in einer Pfanne auslassen, die Zwiebeln zufügen und glasig schwitzen. Die Kräuter unterziehen, mit Salz, Pfeffer und Muskat würzen. Die Füllung in die Eier geben. Die Eigelb durch ein Sieb streichen, mit der Crème fraiche und dem Parmesan verrühren. Die Endivienblätter anrichten, die gefüllten Eier daraufgeben, mit der Käsecreme überziehen und mit Kräutern garniert servieren.

Cocktaileier

- 6 hartgekochte Eier
- 1 Ecke Frischkäse
- 1 EL mittelscharfen Senf
- 2 EL Tomatenketchup
- 2 EL Crème fraiche
- 2 EL frischgeschnittenen Schnittlauch
- Salz
- Pfeffer aus der Mühle
- einige Tropfen Zitronensaft
- einige Tropfen Weinbrand
- Essiggurkenwürfel
- Paprikawürfel
- Petersilienzweige

Die Eier halbieren, das Eigelb herausnehmen und durch ein Sieb streichen, mit dem Käse, Senf, Ketchup und der Crème fraiche glattrühren. Den Schnittlauch unterziehen, mit Salz, Pfeffer, Zitronensaft und Weinbrand abschmecken und in die Eier füllen. Mit Essiggurken- und Paprikawürfel bestreuen, mit Petersilie garniert servieren.

Der Tip

Hartgekochte Eier bekommen innen keinen dunklen Rand, wenn man sie nur 5 Minuten kocht und weitere 10 Minuten ziehen läßt.

Eier in Blätterteig gebacken

Die Eier pellen. Den Blätterteig bei Zimmertemperatur auftauen lassen. Die Zwiebeln schälen, feinhacken und in der zerlassenen Butter glasig dünsten. Die geputzten, feingewürfelten Champignons zu den Zwiebeln geben, alles gut durchdünsten, mit Salz und Pfeffer würzen und so lange erhitzen, bis die Flüssigkeit vollständig verdampft ist. Die Sahne zufügen und wieder einkochen lassen. Die Pilz-Zwiebelmasse kalt stellen und die Petersilie unterrühren. Jede Blätterteigscheibe zu einer Größe von 22 x 12 cm ausrollen und jeweils einen Kreis von 10 cm Durchmesser und 12 cm Durchmesser ausstechen. Die Eier gleichmäßig mit der Pilzmasse umhüllen und auf den kleineren Kreis legen. Die Ränder dünn mit Eigelb bestreichen und den zweiten Kreis auf die Eier legen. An den Rändern fest zusammendrücken. Die Oberfläche mit Eigelb bestreichen. Den restlichen Teig zusammenkneten, ausrollen und mit einem Teigrädchen Streifen ausschneiden. Die Streifenverzierung in Abständen von etwa 2 cm auf der Oberfläche anbringen und ebenfalls mit Eigelb bestreichen. Die Blätterteigtaschen auf ein mit kaltem Wasser abgespültes Backblech setzen und im vorgeheizten Backofen auf der mittleren Einschubleiste bei 220 Grad in etwa 20 Minuten backen.

4 hartgekochte Eier
4 Scheiben TK-Blätterteig (300 g)
etwa 175 g Zwiebeln
2 EL Butter
375 g frische Champignons
Salz
Pfeffer aus der Mühle
6 EL süße Sahne
1 Bund gehackte Petersilie
1 Eigelb zum Bestreichen

Überbackene Schlemmerhappen

Die Eier hartkochen, schälen und in Scheiben schneiden. Den feingewürfelten Speck in in einer Pfanne auslassen. Die geschälten Zwiebeln und den geputzten Lauch in Scheiben schneiden, zum Speck geben und glasig schwitzen. Mit Salz, Pfeffer, Kümmel und der geschälten, feingehackten Knoblauchzehe würzen. Das Ganze vom Feuer nehmen, erkalten lassen, anschließend die Kräuter und den Käse untermischen. Das Weißbrot dünn mit Butter oder Margarine bestreichen und die Eischeiben gleichmäßig darauflegen. Die Zwiebel-Lauchmasse darüber verteilen und im vorgeheizten Backofen bei 250 Grad 5 bis 8 Minuten überbacken.

- *6 Eier*
- *75 g durchwachsenen, geräucherten Speck*
- *2 Zwiebeln*
- *1 Stange Lauch*
- *Salz*
- *schwarzen Pfeffer aus der Mühle*
- *1 Prise gemahlenen Kümmel*
- *1 Knoblauchzehe*
- *2 EL gehackten Schnittlauch*
- *2 EL gehackte Petersilie*
- *125 g geriebenen Emmentaler*
- *4 Scheiben Weißbrot*
- *Butter oder Margarine*

6 hartgekochte Eier
100 g Krabben oder Crevetten
2 Stangen Frühlingszwiebeln
1 Scheibe Ananas
Saft einer Zitrone
2 EL gehackten Dill
4 EL Mayonnaise
2 EL Tomatenketchup
einige Tropfen Weinbrand
Radicchioblätter

Friesische Eier

Die Eier halbieren und das Eigelb herausnehmen. Die Krabben mit den geputzten und in kleine Streifen geschnittenen Frühlingszwiebeln sowie der in kleine Würfel geschnittenen Ananas vermischen, dann mit Zitronensaft beträufeln. Den Dill dazugeben und die Masse in die Eier füllen. Die Eigelb durch ein Sieb streichen, mit der Mayonnaise, dem Tomatenketchup und dem Weinbrand glattrühren, mit Salz und Pfeffer würzen. Die Radicchioblätter anrichten und die gefüllten Eier daraufgeben. Mit der Creme überziehen und mit Kräuterzweigen garniert servieren.

6 hartgekochte Eier
8 Sardellenfilets
1 kleine Zwiebel
3 EL Mayonnaise
einige Tropfen Weinbrand
Salz
Pfeffer aus der Mühle
1 EL gehackten Dill
Kapern
Dillzweige

Eier mit Sardellenfüllung

Die Eier halbieren, das Eigelb heraustrennen und durch ein Sieb streichen. Die Sardellenfilets und die Zwiebel feinhacken, mit der Mayonnaise zu dem Eigelb geben und verrühren, mit Weinbrand, Salz, Pfeffer würzen und den Dill unterziehen. Die Masse in die Eihälften füllen, mit Kapern und Dillzweigen garnieren.

Der Tip

Ein Ei mit Sprung läuft beim Kochen nicht aus, wenn man dem Wasser einen Teelöffel Salz zufügt.

8 hartgekochte Eier
4 Frühlingszwiebeln
100 g gekochten Schinken
100 g frische Champignons
Saft von 1 Zitrone
Salz
Pfeffer aus der Mühle
1 Prise Cayennepfeffer
1 Bund Petersilie
50 g Butter oder Margarine
50 g Mehl
1/4 l Milch
1 Prise Muskatpulver
2 Eier
Außerdem:
etwas Mehl
2 Tassen Semmelbrösel
Fett zum Ausbacken
verschiedene Dips zum Servieren

Eierkroketten

Die hartgekochten Eier schälen und feinhacken. Die Frühlingszwiebeln verlesen, waschen und in hauchdünne Streifen schneiden. Den Schinken und die geputzten, mit Zitronensaft beträufelten Champignons sehr feinhacken, mit den Eiern und den Frühlingszwiebeln in eine Schüssel füllen. Das Ganze mit Salz, Pfeffer und Cayennepfeffer kräftig würzen und die feingehackte Petersilie dazugeben. Die Butter oder Margarine in einem Topf schmelzen lassen. Das Mehl mit dem Schneebesen kräftig einrühren und mit der Milch auffüllen. Mit Salz, Pfeffer und Muskatpulver würzen und unter ständigem Rühren aufkochen. Die Masse unter die Ei-Schinken-Mischung rühren und je nach Bedarf mit etwas Mehl oder Semmelbröseln binden. Die Eier trennen, das Eigelb unter die Ei-Schinken-Masse heben, das Eiweiß verschlagen und bereitstellen. Portionsweise Kroketten mit bemehlten Händen abnehmen, in dem verschlagenen Eiweiß wenden und mit Semmelbröseln panieren. Die Eierkroketten im schwimmenden Fett goldgelb ausbacken, herausnehmen, gut abtropfen lassen, anrichten und mit verschiedenen Dips und Saucen servieren.

Scharfe Tatareier

Die Eier halbieren und das Eigelb herauslösen. Das Tatar und das Eigelb in eine Schüssel geben und glattrühren. Die geschälte Zwiebel und die Essiggurke feinhacken. Beides mit dem Senf, der Chilisauce sowie den Pfefferkörnern unter das Tatar rühren. Das Ganze mit Salz und Pfeffer kräftig würzen und mit Weinbrand aromatisieren. Die gehackten Kräuter untermischen und anschließend die Masse in die Eihälften füllen. Mit Kräuterzweigen und halbierten Oliven ausgarnieren und servieren.

6 hartgekochte Eier
250 g Tatar
1 Zwiebel
1 Essiggurke
2 EL mittelscharfen Senf
2 EL Chilisauce
1 EL grüne Pfefferkörner
Salz
schwarzen Pfeffer aus der Mühle
2 cl Weinbrand
1/2 Tasse gehackte, frische Kräuter
Kräuterzweige und gefüllte Oliven zum Garnieren

Feinschmecker-Pastetchen

Das Kalbfleisch, die geschälte Zwiebel und die Frühlingszwiebeln in feine Würfel schneiden. Das Öl in einer Pfanne erhitzen und die Zwiebeln darin glasig schwitzen. Das Kalbfleisch dazugeben, kurz mitschwitzen, dann mit Weißwein ablöschen. Die verlesenen und feingeschnittenen Champignons mit Zitronensaft beträufeln, zum Fleisch geben und 4 bis 5 Minuten dünsten. Die Tomaten enthäuten, entkernen und in Würfel schneiden, mit den geschälten und gehackten Eiern unter das Ragout heben. Die helle Sauce und die Sahne angießen und zum Kochen bringen. Das Ganze mit Salz, Pfeffer und Worcestersauce abschmecken. Die restliche Sahne mit dem Eigelb vermischen, das Ragout vom Feuer nehmen und mit der Sahne-Eigelb-Mischung legieren. Die erwärmten Blätterteigpastetchen anrichten, mit dem Ragout füllen, mit Kräuterzweigen garnieren und sofort servieren.

400 g gekochtes Kalbfleisch
1 Zwiebel
2 Frühlingszwiebeln
2 EL Öl
1 Glas Weißwein
100 g frische Champignons
etwas Zitronensaft
2-3 Tomaten
2 hartgekochte Eier
1 TL Oregano
1/4 l gebundene helle Sauce
150 ml Sahne
Salz
weißen Pfeffer
etwas Worcestersauce
50 ml Sahne
2 Eigelb
4 bis 8 Blätterteigpastetchen
einige Kräuterzweige

Buntes Eiersandwich

- 8 Scheiben Vollkornbrot
- 4 EL Remouladensauce
- einige Salatblätter
- 8 hartgekochte Eier
- 4 Tomaten
- 1 Salatgurke
- Salz
- Pfeffer aus der Mühle
- 1/2 Tasse Tomatenketchup
- 2 EL mittelscharfen Senf
- einige Tropfen Weinbrand
- 1 Kästchen Kresse

Das Vollkornbrot mit der Remouladensauce bestreichen und mit den Salatblättern belegen. Die Eier schälen, die Tomaten enthäuten und die Salatgurke waschen. Die Zutaten in Scheiben schneiden und dekorativ auf den Salatblättern anrichten, dabei salzen und pfeffern. Den Tomatenketchup mit dem Senf glattrühren und mit Weinbrand aromatisieren. Auf den Eischeiben verteilen, die Brote mit frisch gehackter Kresse bestreuen und servieren.

ooooooooooooooooooooooo

Der Tip

Eier nicht abwaschen. Das würde die Schutzschicht der Schale zerstören und Bakterien könnten ins Eiinnere gelangen.

ooooooooooooooooooooooo

Eier im Mantel

- 1/4 l Milch
- 50 g Butter oder Margarine
- 1 Prise Salz
- 1 Prise Muskatpulver
- 150 g Mehl
- 3 frische Eier
- 100 g geriebenen Emmentalerkäse
- 1/2 Bund Petersilie
- 8 hartgekochte Eier
- Fett zum Ausbacken
- 1 Becher Crème fraiche
- Saft von 1 Zitrone
- 1/2 Bund Dill
- 1 Glas Cedar Kaviar

Die Milch mit der Butter oder Margarine, dem Salz und dem Muskatpulver in einen Topf geben und erhitzen. Das Mehl mit dem Kochlöffel zufügen und so lange rühren, bis sich der Teig vom Topfboden löst, dann vom Feuer nehmen und nach und nach die Eier darunter schlagen. Zum Schluß den geriebenen Käse und die feingehackte Petersilie untermischen. Den Teig auf eine bemehlte Arbeitsfläche legen und gut durchkneten. Die hartgekochten Eier schälen und portionsweise in den Teig einwickeln. Die Eier im Mantel im schwimmenden Fett goldgelb ausbacken. Herausnehmen, gut abtropfen lassen und bereitstellen. Die Crème fraiche, den Zitronensaft und den feingehackten Dill vermischen, mit Salz und Pfeffer kräftig würzen. Die Eier halbieren, anrichten, mit je einem Klacks Dillcreme überziehen, mit Cedar Kaviar garnieren, einen Dillzweig obenauflegen und sofort servieren.

Eier mit Forellencremefüllung auf Kräuterschaum

- 250 g geräuchertes Forellenfilet
- 1 TL Butter
- 3 EL Crème fraiche
- weißer Pfeffer
- Zitronensaft
- etwas Milch
- 1 Bund Dill
- 1 Bund Petersilie
- 1 Bund Schnittlauch
- 100 g Quark (20 %)
- Salz, Paprika

Die Eier in knapp 10 Minuten hartkochen, abschrecken und pellen. Das Forellenfilet in Stücke zerteilen, mit Butter, 1 Eßlöffel Crème fraiche, wenig Pfeffer und etwas Zitronensaft zu einer cremigen Masse pürieren, evtl. ein wenig Milch zufügen. Etwas feingehackten Dill und Petersilie unterziehen und die Masse abschmecken.

Die Eier längs halbieren, die Eigelbhälften vorsichtig herausheben und beiseite legen. Die Eiweißhälften zuerst mit Forellencreme füllen, dann obenauf eine Eigelbhälfte setzen. Mit je einem kleinen Zweig Dill verzieren. Restlichen Dill und Petersilie feinhacken, den Schnittlauch in Röllchen schneiden. Quark, restliche Crème fraiche und etwas Milch schaumig schlagen. Die Kräuter unterziehen, mit Salz, Pfeffer und Paprika abschmecken. Kräuterschaum auf vier Teller verteilen und je vier gefüllte Eihälften daraufsetzen.

Feine Eierquiche

Das Mehl auf eine Arbeitsfläche sieben, das Fett in Flöckchen darauf verteilen, das Ei darauf setzen und leicht salzen. Mit den Händen schnell von außen nach innen einen geschmeidigen Teig kneten und zugedeckt im Kühlschrank mindestens 1 Stunde ruhen lassen. Anschließend auf einer leicht bemehlten Arbeitsfläche in der Größe einer Quicheform ausrollen. Die Form ausfetten, den Teig einfüllen, mit einer Gabel mehrmals einstechen und im auf 200 Grad vorgeheizten Backofen 10-15 Minuten backen. In der Zwischenzeit die Butter oder

Margarine in einer Pfanne erhitzen und den in kleine Würfel geschnittenen Speck darin auslassen. Die feingehackten Zwiebeln dazugeben und glasig schwitzen. Die geputzten Champignons zufügen, mit Zitronensaft beträufeln und kurz dünsten. Mit Salz, Pfeffer und Muskat würzen, vom Feuer nehmen und erkalten lassen. Die Tomaten enthäuten, die Eier schälen und beides in Scheiben schneiden. Die Sahne mit den Eiern und dem Käse verrühren, salzen, pfeffern und bereitstellen. Die Tomaten- und die Eischeiben sowie die Champignons dekorativ auf dem Teigboden anrichten, mit Schnittlauch bestreuen und die Eisahne gleichmäßig darauf verteilen. Bei 180 Grad weitere 10-15 Minuten backen, herausnehmen und heiß oder kalt servieren.

Für den Teig:
- *125 g Mehl*
- *75 g Butter oder Margarine*
- *1 Ei*
- *1 Prise Salz*
- *Butter oder Margarine zum Ausfetten*

Für den Belag:
- *1 EL Butter oder Margarine*
- *100 g durchwachsenen, geräucherten Speck*
- *1 Zwiebel*
- *250 g frische Champignons*
- *Saft von 1 Zitrone*
- *Salz*
- *Pfeffer aus der Mühle*
- *1 Prise Muskat*
- *2 Tomaten*
- *2 hartgekochte Eier*
- *1 Bund Schnittlauch*
- *1 Becher Sahne*
- *2 Eier*
- *125 g geriebenen Emmentaler*

Schinkeneier im Glas

Den Schinken in dünne Streifen schneiden und bereitstellen. Die Butter oder Margarine in einer Pfanne erhitzen und die in dünne Streifen geschnittenen Zwiebeln glasig schwitzen. Die geputzten und in Streifen geschnittenen Paprikaschoten dazugeben und kurz dünsten. Die in Würfel geschnittenen Ananas, den Thymian, den Ketchup, den Obstessig und den Honig mit dem Schinken unter das Gemüse rühren und alles zusammen erhitzen. Mit Salz, Pfeffer und Cayennepfeffer kräftig würzen und die gehackten Kräuter untermischen. 4 kleine Einmachgläser ausfetten und die Schinkenmischung darin gleichmäßig verteilen. Die Eier vorsichtig daraufgeben, nochmals salzen, pfeffern und sorgfältig verschließen. Die Gläser ins heiße Wasserbad stellen und je nach Geschmack stocken lassen.

- *200 g gekochten Schinken*
- *2 EL Butter oder Margarine*
- *2 Zwiebeln*
- *1 rote Paprikaschote*
- *1 grüne Paprikaschote*
- *2 Scheiben Ananas*
- *1 TL grüne Pfefferkörner*
- *1/2 TL Thymian*
- *2 EL Tomatenketchup*
- *1 EL Obstessig*
- *1 EL Honig*
- *Salz*
- *Pfeffer aus der Mühle*
- *1 Prise Cayennepfeffer*
- *1/2 Bund Schnittlauch*
- *1/2 Bund Petersilie*
- *Fett zum Ausfetten*
- *8 frische Eier*

4 Zwiebeln
2 rote Paprikaschoten
2 grüne Paprikaschoten
3/4 l Weinessig
3/4 l Weißwein
3/4 l Wasser
1 Bund Liebstöckel
2 EL zerstoßene schwarze Pfefferkörner
2 EL grüne Pfefferkörner
2 EL Senfkörner
1/2 Stange Meerrettich
4 Knoblauchzehen
2 Lorbeerblätter
250 g Zucker
16 hartgekochte Eier

Teufelseier

Die geschälten Zwiebeln sowie die halbierten, entkernten Paprikaschoten in Streifen schneiden. Den Weinessig, Weißwein und das Wasser in einem Topf zum Kochen bringen. Das Gemüse sowie den feingeschnittenen Liebstöckel, die schwarzen Pfefferkörner, die grünen Pfefferkörner und die Senfkörner dazugeben und kurz ziehen lassen. Den Meerrettich schälen und auf einer Gemüsereibe fein reiben, dann mit den feingehackten Knoblauchzehen und den Lorbeerblättern sowie dem Zucker im Sud weitere 15-20 Minuten ziehen lassen. Die hartgekochten Eier schälen und in den Sud legen. Das Ganze in ein sauberes Einmachglas füllen und mindestens 2-3 Tage im Kühlschrank ziehen lassen. Anschließend die Eier herausnehmen und mit dem Gemüse servieren.

Überbackene Fingerhappen

Das Graubrot toasten und bereitstellen. Den Doppelrahm-Frischkäse mit dem Ketchup und dem Senf glattrühren, mit Salz, Pfeffer und Zitronensaft abschmecken. Die Brote gleichmäßig mit der Creme bestreichen. Die Eier hartkochen, abschrecken, schälen und in Scheiben schneiden. Die Tomaten enthäuten und ebenfalls in Scheiben schneiden. Tomaten und Eischeiben gleichmäßig auf dem Brot anrichten. Mit verlesenem, gewaschenem und feingeschnittenem Basilikum bestreuen, leicht salzen und pfeffern. Die Käsescheiben darauf verteilen und das Ganze unter dem Grill oder im Ofen überbacken, herausnehmen, mit Basilikumblättern garniert servieren.

4 Scheiben Graubrot
1 Päckchen (62,5 g) Doppelrahm-Frischkäse
2 EL Tomatenketchup
1 EL mittelscharfen Senf
Salz
Pfeffer aus der Mühle
etwas Zitronensaft
4 Eier
4 Tomaten
1/2 Bund Basilikum
100 g Butterkäse in Scheiben

- 75 g durchwachsenen, geräucherten Speck
- 1 Zwiebel
- 1 Bund Frühlingszwiebeln
- 100 g frische Champignons
- etwas Zitronensaft
- 4 Tomaten
- 1/2 Bund Schnittlauch
- Salz
- weißen Pfeffer aus der Mühle
- 1 Prise Muskatpulver
- 1 Prise Cayennepfeffer
- 1 Prise gemahlenen Kümmel
- 8 Eier
- 1 Kästchen Kresse

Deftiges Ei aus dem Glas

Den Speck und die geschälte Zwiebel in feine Würfel schneiden. Den Speck in einer Pfanne auslassen, die Zwiebel zufügen und glasig schwitzen. Die geputzten Frühlingszwiebeln in dünnen Streifen zu den Zwiebeln geben. Die Champignons verlesen, in Scheiben schneiden, mit Zitronensaft beträufelt in die Pfanne geben und bei mäßiger Hitze das Ganze 6-8 Minuten dünsten. In der Zwischenzeit die Tomaten enthäuten, entkernen und in Würfel schneiden. Den Schnittlauch verlesen, waschen und feinschneiden. Beides unter das Gemüse mischen und mit Salz, Pfeffer, Muskat, Cayennepfeffer und Kümmel kräftig würzen. Die Gemüsemischung in ausgefettete Gläser füllen und je 2 Eier darauf geben. Die Gläser verschließen und im Wasserbad 6-8 Minuten stocken lassen. Anschließend die Gläser öffnen, mit verlesener, gewaschener Kresse garnieren und sofort servieren.

Soleier

- 8 Eier
- 1 l Wasser
- 2 Lorbeerblätter
- 4 gehäufte TL Salz
- 1 TL grob geschroteter schwarzer Pfeffer
- 1 TL bunter Pfeffer

Die Eier 10 Minuten hartkochen, abschrecken, die Schale anbrechen und die angeknickten Eier in ein hohes Gefäß legen. Für die Lake das Wasser zusammen mit den angegebenen Zutaten erhitzen, abkühlen lassen und über die Eier geben. Die Eier mindestens 24 Stunden in dieser Lake lassen. Zum Servieren die Eier pellen, halbieren und nach Belieben jede Eihälfte mit jeweils 1 Eßlöffel Curry-Ketchup oder einer Grill-Sauce garnieren.

Brotzeit-Hähnchen

Die Hähnchenbrustfilets unter fließendem Wasser abwaschen und gut trockentupfen, mit Salz, Pfeffer und Majoran kräftig würzen. Die geschälte Knoblauchzehe feinhakken. Das Butterschmalz in einer Pfanne erhitzen und die Knoblauchzehe mit den Hähnchenbrustfilets darin braten, herausnehmen und warmstellen. Die Zwiebeln und die Paprikaschoten putzen und in feine Streifen schneiden, ins verbliebene Bratfett geben und glasig schwitzen. Das Gemüse mit dem Weißwein ablöschen, mit Kümmel, Cayennepfeffer und der Speisewürze abrunden und bei mäßiger Hitze 5 bis 6 Minuten köcheln lassen. Die geschälten Eier und den Mozzarellakäse in Scheiben schneiden. Das Gemüse gleichmäßig auf den Hähnchenbrustfilets verteilen und mit den Eierscheiben belegen. Das Ganze mit Mozzarellakäse abdekken und unter dem Grill goldgelb überbacken. Vor dem Servieren mit Schnittlauch bestreuen.

4 Hähnchenbrustfilets
Salz
schwarzen Pfeffer
1/2 TL Paprikapulver
1 TL Majoran
1 Knoblauchzehe
2 EL Butterschmalz
2 Zwiebeln
1 rote Paprikaschote
1 grüne Paprikaschote
1 Glas Weißwein
1 Prise Kümmelpulver
1 Prise Cayennepfeffer
1 Prise Speisewürze
4 hartgekochte Eier
200 g Mozzarellakäse
1 Tasse frisch geschnittenen Schnittlauch

Deftiger Kartoffel-auflauf

Das Rezept dazu auf Seite 59

Aufläufe & Gratins

Kalbsvögerl in Gemüserahmsauce

Die Kalbsschnitzel hauchdünn klopfen und auf einer Arbeitsfläche auslegen, mit Salz und Pfeffer würzen und mit Senf gleichmäßig bestreichen. Jedes Schnitzel mit einer Scheibe Schinken und einem geschälten Ei belegen. Das Fleisch zu einer Roulade zusammendrehen und mit Bindfaden gut verschnüren. Fett in einer Bratpfanne erhitzen, die Rouladen darin nur leicht anbraten, mit Weißwein ablöschen und mit Bratensauce auffüllen. Das geputzte und in mundgerechte Stücke geschnittene Gemüse dazugeben. Das Mehl mit der Sahne glattrühren, in den Topf geben und im vorgeheizten Backofen bei 200 Grad 30-40 Minuten schmoren lassen. Die Schnur von den Rouladen entfernen, die Vögerl halbieren, die Sauce nochmals abschmecken und mit Weinbrand und geschnittenem Schnittlauch verfeinern. Zu den Kalbsvögerl serviert man Spätzle und Kopfsalat sowie einen leichten weißen Tischwein.

8 dünne Kalbsschnitzel à 100 g
Salz
Pfeffer aus der Mühle
2 EL mittelscharfen Senf
8 dünne Scheiben Schinken
8 hartgekochte Eier
Fett zum Braten
1 Tasse Weißwein
3/8 l klare Bratensauce
4 mittelgroße Karotten
1 Stange Lauch
1 kleinen Sellerie
2-3 EL Mehl
1 Becher Sahne
1 Schuß Weinbrand
1 Bund Schnittlauch

Deftiger Kartoffelauflauf

1 kg Kartoffeln
1/2 l Schlagsahne
1/8 l Milch
4 Eigelb
Salz
frisch gemahlener weißer Pfeffer
80 – 100 g geriebener Emmentaler

Die Kartoffeln schälen, waschen und in dünne Scheiben schneiden. Scheiben mit Küchenkrepp trockentupfen. Schlagsahne mit der Milch aufkochen und abkühlen lassen. Eigelb verquirlen und einrühren. Eine Auflaufform mit Butter einfetten. Lagenweise Kartoffelscheiben schuppenartig einlegen. Jede Schicht leicht salzen und pfeffern. Die Hälfte der Butter in Flöckchen darauf verteilen und mit dem Käse bestreuen. Darauf die Eigelb-Sahnemischung gießen. Mit der restlichen Butter in Flöckchen belegen. Im vorgeheizten Backofen bei 225 Grad auf der mittleren Schiene 60-70 Minuten gratinieren. 10 Minuten vor Ende der Garzeit mit Alufolie abdecken, damit der Auflauf nicht allzu braun wird.

Der Tip

Übrig gebliebenes Eiweiß hält sich in einer zugedeckten Schüssel im Kühlschrank mehrere Tage. Man kann es auch in wenig Essigwasser garen, feinhacken und für Salat oder Suppe verwenden.

Eierpastetchen in Blätterteighülle

4 Scheiben TK-Blätterteig
400 g feines Bratwurstbrät
4 EL Crème fraiche mit Kräutern
1 Ei
1 TL geriebene Zitronenschale
Salz
weißen Pfeffer
1 Bund Petersilie
Semmelbrösel zum Binden
1/4 l Gemüsebrühe
4 Portionen Sauce Cumberland

Die Blätterteigscheiben auf einer Arbeitsfläche auslegen und antauen lassen. Das Bratwurstbrät mit der Crème fraiche, dem Ei und der Zitronenschale in eine Schüssel geben und mit dem Schneebesen kräftig durchschlagen. Die Bratwurstmasse mit Salz und Pfeffer würzen und die feingehackte Petersilie unterziehen. Die Masse mit Semmelbröseln leicht binden. Die geschälten Eier gleichmäßig mit dem Bratwurstbrät umhüllen, die Gemüsebrühe erhitzen und die Eiknödel darin kurz blanchieren, herausnehmen, gut abtropfen und erkalten lassen. Anschließend portionsweise in den Blätterteig rollen, die Ränder gut festdrücken und das Ganze auf ein mit Wasser benetztes Backblech setzen. Im auf 180 bis 200 Grad vorgeheizten Backofen 18 bis 20 Minuten backen. Anschließend die Eierpastetchen herausnehmen, anrichten, die Cumberland-Sauce angießen, die Teller ausdekorieren und servieren.

Gefüllte Eierkuchen

Das Suppenhuhn mit geputztem Suppengemüse in Salzwasser weichkochen. Anschließend von Haut und Knochen lösen und in Würfel schneiden. Das Hackfleisch mit Salz und Pfeffer würzen und die feingehackte Zwiebel untermengen. Die Margarine in einer Pfanne zerlassen, das Hackfleisch darin anbräunen, danach mit dem Hühnerfleisch vermischen. Aus Mehl, Eiern, Milch, Mineralwasser und Salz einen Eierkuchenteig bereiten und in einer separaten Pfanne dünne Eierkuchen backen. Mit dem Hackfleischgemisch füllen, zusammenrollen und in einer Auflaufform nebeneinandersetzen. Für die Sauce die Butter in einem kleinen Topf zerlassen, das Mehl hineinrühren, kurz aufkochen, vom Herd nehmen und die Sahne sowie das Eigelb hineinquirlen. Mit Salz und Pfeffer würzen und den Käse untermischen. Alles über die Eierkuchen gießen. Die Spargelspitzen und die Champignons darüber verteilen. Die gefüllten Eierkuchen im vorgeheizten Backofen bei 225 Grad etwa 25-30 Minuten überbacken. Mit gehackter Petersilie bestreut servieren.

Für die Füllung:
1 kleines Suppenhuhn
1 Bund Suppengemüse
250 g Hackfleisch
1/2 TL Salz
1/4 TL Pfeffer
1 kleine Zwiebel
2 EL Margarine
Für die Eierkuchen:
250 g Mehl
2 Eier
1/4 l Milch
1/4 l Mineralwasser
1 Prise Salz
125 g Margarine
Für die Sauce:
40 g Butter
30 g Mehl
1/4 l Sahne
2 Eigelb
1 Prise Salz
1 Prise Pfeffer
100 g geriebenen Emmentaler Käse
1/2 Dose Spargelspitzen (175 g)
1/2 kleine Dose Champignon (100 g)
1 EL gehackte Petersilie

400 g Weizenmehl
1 1/2 TL Salz
1 EL Zucker
100 g Butter
1 Tasse lauwarme Milch
30 g frische Hefe
2 EL Olivenöl
Für den Belag:
2 EL Butter
1 Zwiebel
2 Knoblauchzehen
1 TL Salz
1 kleine Dose geschälte Tomaten
Salz, Pfeffer
1 Prise Speisewürze
1 TL Basilikum
1 TL Oregano
2 große Tomaten
6 hartgekochte Eier
1 Glas Sardellenfilets
1 Dose Thunfisch
8 kleine Pfefferschoten
200 g Mozzarella
1 Bund Petersilie

Pikante Eierpizza

Das Mehl auf eine Arbeitsfläche sieben und mit dem Salz und dem Zucker vermischen. Die Butter in Flöckchen auf das Mehl verteilen. Die Hefe in die lauwarme Milch bröckeln und 10 Minuten gehen lassen, anschließend mit dem Öl über das Mehl geben. Mit den Händen die Zutaten zuerst zerbröseln und dann zu einem geschmeidigen Teig verarbeiten. Zugedeckt an einem warmen Ort gehen lassen, nochmals durcharbeiten, in vier Teile teilen, ausrollen und auf vier Pizzaformen verteilen.

Für den Belag die Butter in einem Topf zerlaufen lassen, die gehackten und mit Salz zerriebenen Knoblauchzehen sowie die kleingewürfelten Zwiebeln darin anschwitzen. Die geschälten Tomaten dazugeben und so lange kochen, bis die Flüssigkeit fast verdampft ist. Mit Salz, Pfeffer, Speisewürze, Basilikum und Oregano abschmecken und gleichmäßig auf den Pizzateig streichen. Die enthäuteten Tomaten und die Eier in Scheiben schneiden, mit den Sardellenfilets, dem Thunfisch und den Pfefferschoten dekorativ auf die Pizzas verteilen. Den in Scheiben geschnittenen Käse daraufgeben und im auf 200 Grad C vorgeheizten Backofen 20 bis 25 Minuten backen, herausnehmen und servieren.

Fisch-Auflauf

800 g Fischfilet
4 Tomaten
Saft von 1 Zitrone
3 Eier
20 g Butter
1/8 l Sahne
2 TL grüne Pfefferkörner
1/2 TL Salz
1 EL gehackte Petersilie

Mit der weichen Butter eine ofenfeste Form ausstreichen. Die Tomaten einritzen, kurz in kochendes Wasser geben, dann die Haut abziehen. Die Tomaten in dickere Scheiben schneiden. Die Fischfilets unter fließendem Wasser waschen, mit Küchenkrepp trockentupfen, mit Zitronensaft beträufeln und salzen. In die gebutterte Form schichtweise Fischfilet und Tomaten einlegen. Die Eier mit der Sahne, den Pfefferkörnern und der Petersilie verrühren und über das Gericht verteilen. Die Form mit Alufolie abdecken, auf die mittlere Schiene des auf 220 Grad vorgeheizten Backofens schieben und 20-25 Minuten garen.
Dazu paßt: Salzkartoffeln.

Eierkuchen mit Tomaten

- *Für den Teig:*
- *200 g Mehl*
- *200 g Magerquark*
- *200 g Butter oder Margarine*
- *Fett zum Ausfetten*
- *Semmelbrösel zum Bestreuen*
- *Für die Füllung:*
- *4 hartgekochte Eier*
- *4 Tomaten*
- *1 kleines Glas Sardellenfilets*
- *Salz*
- *schwarzen Pfeffer aus der Mühle*
- *1 TL Oregano*
- *1 TL Basilikum*
- *2 Eier*
- *100 g Sahne*
- *125 g geriebenen Butterkäse*
- *2 EL gehackte Petersilie*

Das Mehl auf eine Arbeitsfläche sieben und eine Mulde eindrücken. Den Magerquark und die Butter oder Margarine in Flöckchen daraufsetzen. Das Ganze mit bemehlten Händen von außen nach innen schnell zu einem kompakten Teig verkneten. Den Teig mit einem feuchten Küchentuch abdecken und im Kühlschrank 1 Stunde ruhen lassen. Anschließend auf einer bemehlten Arbeitsfläche dünn ausrollen und eine ausgefettete und mit Semmelbrösel bestreute Backform damit auslegen, dann mit einer Gabel den Teig mehrmals einstechen. Die Eier schälen, in Scheiben schneiden und mit den in Scheiben geschnittenen Tomaten gleichmäßig auf dem Teig verteilen. Die Sardellenfilets unter fließendem Wasser abwaschen, gut abtropfen lassen und dekorativ auf die Tomaten und die Eier verteilen. Das Ganze mit Salz, Pfeffer, Oregano und Basilikum bestreuen. Die restlichen Eier mit der Sahne und dem Butterkäse vermischen, die Käsemischung gleichmäßig auf dem Eierkuchen verstreichen, in den auf 180 Grad C vorgeheizten Backofen schieben und 15-20 Minuten backen. Nach Ende der Garzeit den Kuchen herausnehmen, anrichten und mit Petersilie bestreut servieren.

Eier-Pilz-Auflauf

- *1 Zwiebel*
- *40 g Butter*
- *250 g Mischpilze aus der Dose*
- *350 g Tomaten*
- *Salz, Pfeffer*
- *Paprika edelsüß*
- *1 Bund Petersilie*
- *4 Eier*
- *40 g geriebenen Emmentaler*
- *1/2 Bund Schnittlauch*

Die geschälte und gewürfelte Zwiebel in der erhitzten Butter glasig schwitzen. Die Pilze gut abtropfen lassen, in Scheiben schneiden und zu der Zwiebel geben. Die gehäuteten Tomaten in grobe Würfel schneiden, ebenfalls hinzufügen, alles vorsichtig mischen und 5 Minuten dünsten. Mit Salz, Pfeffer und Paprika würzen, die gehackte Petersilie dazugeben. Eine feuerfeste Form einfetten und die Masse einfüllen. Die Eier aufschlagen und vorsichtig obenauf gleiten lassen. Das Eiweiß wenig salzen und den Käse darüberstreuen. Im Backofen bei 220 Grad überbacken, bis die Oberfläche hellbraun ist. Vor dem Servieren mit gehacktem Schnittlauch bestreuen.

Gratinierte Eierschnecken mit Mangold

800 g frischer Mangold möglichst zarte kleinere Blätter
8 Eier
4 EL Milch
Salz
Pfeffer
Muskat
Paprika edelsüß
2 EL Butter
4 EL Kräuter-Frischkäse
100 g Bergkäse
2 EL Pinienkerne
Butter für die Form

Den Mangold waschen, putzen und die Stiele abschneiden. Die Blattrippen mit einem Messer flachschneiden. Dann die Mangoldblätter in reichlich kochendem Salzwasser ca. 5 Minuten blanchieren. Herausnehmen und gut abtropfen lassen. Die Eier mit der Milch verquirlen und mit den Gewürzen abschmecken. In einer großen Pfanne in je 1 Eßlöffel Butter zwei Eierkuchen backen. Diese kurz abkühlen lassen, dann mit je 2 Eßlöffel Kräuter-Frischkäse bestreichen. Die Mangoldblätter auf den Frischkäse legen (sehr große Blätter vorher etwas zerteilen). Mit etwas Salz und Pfeffer bestreuen, dann die Eierkuchen möglichst eng zusammenrollen. Die Rollen in ca. 2 cm dicke Scheiben schneiden und in eine gut gefettete Auflaufform legen. Den Bergkäse zuerst in dünne Scheiben, dann in feine Streifen schneiden und diese gitterartig auf die Eierschnecken legen. Die Pinienkerne darüberstreuen und die Eierschnecken im vorgeheizten Ofen bei 200 Grad ca. 15 Minuten gratinieren.
Dazu paßt: Ein gemischter Salat.

Broccoli-Auflauf

500 g Broccoli
Salz
150 g Langkornreis
1/2 l Fleischbrühe
1 Zwiebel
1 Knoblauchzehe
250 g Champignons
20 g Butter
weißer Pfeffer
geriebene Muskatnuß
4 Eier
1/8 l süße Sahne
150 g geriebener Emmentaler

Den geputzten Broccoli in Röschen teilen, die Stiele schälen und in kleine Stücke schneiden. Reichlich Salzwasser zum Kochen bringen und den Broccoli darin 10 Minuten kochen, anschließend abtropfen lassen. Unterdessen den Reis in einem Topf mit der Fleischbrühe einmal aufkochen, dann zugedeckt in 20 Minuten bei kleiner Hitze in 20 Minuten ausquellen lassen. Geschälte Zwiebel und Knoblauchzehe feinhacken, die geputzten Champignons in Scheiben schneiden. Die Butter erhitzen und Zwiebel und Knoblauch darin glasig werden lassen. Die Champignons zufügen und kurz dünsten. Champignons, Broccoli und Reis miteinander vermischen, mit Salz, Pfeffer und Muskatnuß abschmecken und in eine feuerfeste Form füllen. Die Eier trennen. Eiweiß mit einer Prise Salz steifschlagen. Eigelb mit Sahne und Käse verrühren, mit Muskatnuß würzen und den Eischnee unterheben. Die Mischung auf den Broccoli-Auflauf streichen, die Form in den auf 220 Grad vorgeheizten Backoben schieben und 30 Minuten überbacken.

Der Tip

Eischnee wird besonders steif, wenn man pro Eiweiß einen Teelöffel kaltes Wasser zugibt, eine Prise Salz oder Zucker oder ein paar Tropfen Zitronensaft.

Pfannkuchen-Auflauf

Für die Pfannkuchen:
120 g Mehl
1/4 l Milch
2 Eier
Salz
30 g Butter
Für die Füllung:
30 g Butter
40 g Mehl
1/2 l Milch
1 TL Instant-Brühe
2 Eier
100 g Parmesankäse
300 g TK-Spinat
Salz, Pfeffer
Muskatnuß
1 Eigelb
150 g Crème fraiche

Das Mehl mit der Milch, den Eiern und dem Salz verrühren. In heißem Fett acht dünne Pfannkuchen von ca. 18 cm Durchmesser backen. Für die Füllung die Butter erhitzen und das Mehl darin andünsten. Die Milch unter ständigem Rühren zugießen und aufkochen lassen. Die Brühe, Eier und die Hälfte des geriebenen Käses unterrühren. Den aufgetauten Spinat zugeben und mit Salz, Pfeffer und Muskanuß abschmecken. Die Füllung auf die Pfannkuchen verteilen, aufrollen und in eine gefettete Auflaufform legen. Crème fraiche sowie den restlichen Käse verrühren und darüber verteilen. Den Auflauf im Backofen bei 220 Grad 25-30 Minuten überbacken.

- *500 g Hackfleisch vom Kalb*
- *250 g Kalbsbratwurstbrät*
- *2 Möhren*
- *2 Stangen Bleichsellerie*
- *1 Zwiebel*
- *1 Bund Petersilie*
- *3 EL Semmelbrösel*
- *2 rohe Eier*
- *Salz*
- *Paprika edelsüß*
- *je 1 EL grüner und rosa Pfeffer*
- *4 hartgekochte Eier*
- *4 Scheiben Emmentaler Käse*
- *1 Eigelb*
- *3 EL Sahne*

Hackbraten mit Eifüllung

(für 2 Personen)

Hackfleisch und Bratwurstbrät mit dem zuvor geputzten, gewaschenen und feingehackten Gemüse, der gehackten Zwiebel, der gehackten Petersilie, den Semmelbröseln und den Eiern zu einem geschmeidigen Teig kneten. Mit Salz und Paprika und den beiden Pfeffersorten pikant würzen. Eine große Kastenform mit eingefettetem Pergamentpapier auskleiden und die Hälfte des Fleischteiges hineingeben. In die Mitte eine breite Rille drücken. Die geschälten Eier mit

dem Käse umwickeln und auf den Fleischteig legen. Mit dem restlichen Teig auffüllen, die Oberfläche glattstreichen. In dem auf 220 Grad vorgeheizten Ofen etwa 60 Minuten braten. Eigelb und Sahne verquirlen und die Bratenoberfläche damit hin und wieder bestreichen. Den Braten einige Minuten ruhen lassen, dann erst aus der Form nehmen und aufschneiden.
Dazu paßt: Petersilienkartoffeln und gedünstetes Zartgemüse.

Quiche Lorraine

Für den Teig:
250 g Mehl
125 g Butter
1 Ei
1 Prise Salz
1-2 EL kaltes Wasser
Für die Füllung:
2 Zwiebeln
250 g durchwachsener, geräucherter Speck
1 EL Öl
10 Toast Scheibletten
3 EL gehackte Petersilie
1 Becher saure Sahne
4 Eier
Salz
Pfeffer
1 Prise Cayennepfeffer
1 Prise geriebene Muskatnuß

Das Mehl auf ein Backbrett sieben, in die Mitte eine Mulde drücken. Die kalte Butter in Flöckchen über dem Mehl verteilen. Ei, Salz und Wasser in die Mulde geben und das Ganze rasch zu einem Mürbeteig verarbeiten. In Folie wickeln und im Kühlschrank 30-40 Minuten ruhen lassen. Zwiebeln und Speck feinwürfeln, im erhitzten Öl glasig dünsten, dann etwas abkühlen lassen. In der Zwischenzeit den Käse in Würfel schneiden. Die saure Sahne mit den Eiern verquirlen und die Petersilie untermischen. Mit Salz, Pfeffer, Muskatnuß und Cayennepfeffer würzen. Das Speck-Zwiebel-Gemisch sowie die Käsewürfel zufügen und alles gut miteinander vermischen. Eine gefettete Springform mit dem Teig auslegen, dabei einen 5 cm hohen Rand formen. Die Füllung auf dem Teig verteilen und im vorgeheizten Backofen bei 220 Grad 35-40 Minuten backen.

Schinkenkartoffeln mit Eiern und Sahne

500 g Kartoffeln
1 Zwiebel
100 g Lauch
2 EL Butter
100 g gekochten Schinken
4 hartgekochte Eier
250 ml Sahne
Salz
weißen Pfeffer aus der Mühle
1/2 TL Kümmelpulver
1 Tasse gehackte Kräuter

Die Kartoffeln schälen und in feine Scheiben schneiden, unter fließendem Wasser abwaschen und abtropfen lassen. Die geschälte Zwiebel feinhacken, den Lauch putzen und in feine Streifen schneiden. Eine Auflaufform mit der Butter ausfetten und die Kartoffeln, die Zwiebeln, den Lauch, den in Streifen geschnittenen Schinken und die in Scheiben geschnittenen Eier schichtweise hineingeben. Die Sahne mit Salz, Pfeffer und Kümmel kräftig würzen und gleichmäßig über den Auflauf verteilen. Die Auflaufform in den auf 180 Grad C vorgeheizten Backofen schieben und 18-20 Minuten garen. Nach Ende der Garzeit die Schinkenkartoffeln anrichten, mit den gehackten Kräutern bestreuen und servieren.

Deftiger Eierauflauf

- 2 EL Olivenöl
- 1 Knoblauchzehe
- 400 g gemischtes Hackfleisch
- 1 Zwiebel
- 1 Dose geschälte Tomaten
- 1 Glas Rotwein
- Salz
- Pfeffer aus der Mühle
- 1 Lorbeerblatt
- 1 TL Basilikum
- 1 TL Oregano
- 400 g TK-Spinat
- 2 EL Butter
- 1 Prise Speisewürze
- 1 Prise Muskat
- Saft von 1 Zitrone
- 6 hartgekochte Eier
- 150 g Mozzarella
- 1 Bund Petersilie

Das Olivenöl in einem Topf erhitzen und die feingehackte Knoblauchzehe darin anschwitzen. Das Hackfleisch dazugeben, kräftig anbraten, anschließend die feingewürfelte Zwiebel zufügen und kurz mitschwitzen. Die Tomaten mit dem Sud und den Rotwein dazugießen, mit Salz, Pfeffer, dem Lorbeerblatt, Basilikum und Oregano würzen. Zugedeckt bei mittlerer Hitze 5-10 Minuten köcheln lassen. In der Zwischenzeit den aufgetauten Spinat in Butter 5 Minuten dünsten, mit Salz, Pfeffer, Speisewürze, Muskat und Zitronensaft abschmecken. Den Spinat in eine ausgefettete Auflaufform schichten und mit der Hackfleischsauce überziehen. Mit den in Scheiben geschnittenen Eiern abdecken und mit dem klein geschnittenen Käse bestreuen. Im auf 220 Grad vorgeheizten Backofen 10-15 Minuten überbacken, herausnehmen und mit gehackter Petersilie bestreut servieren. Dazu reicht man Kartoffelpüree und Tomatensalat mit Zwiebeln.

Allgäuer Ofenguck
(für 1-2 Portionen)

- 200 g festkochende Kartoffeln
- Salz
- Kümmel
- 1 EL Butter
- 2 EL frische Sahne
- 3 Eigelb
- 75 g Mehl
- 1 TL Backpulver
- Salz
- Muskat
- Paprika
- 1 Zwiebel
- 2 dünne Scheiben Schinkenspeck
- 125 g Champignons
- 150 g Allgäuer Emmentaler

Die Kartoffeln am Vortag mit Salz und Kümmel 20 Minuten kochen, abgießen und abdämpfen. Am anderen Tag pellen, grob reiben und möglichst noch 1 bis 2 Stunden offen stehen lassen. Die Butter mit der Sahne cremig rühren, die Eigelbe nach und nach darunterheben. Mehl und Backpulver vermischen und zusammen mit den Kartoffeln locker unter die Eigelbmasse heben. Mit Salz, Muskat und Paprika würzen, den Teig in eine Springform geben und glattstreichen. Die Zwiebel sowie den Schinkenspeck in kleine Scheiben schneiden, auf dem Kartoffelteig verteilen und zum Schluß den geriebenen Emmentaler darüber streuen. Den Auflauf bei 200 Grad in 15 bis 20 Minuten im Backofen backen.

Eier-Broccoli-Gratin

- 750 g Broccoli
- Salz
- 4 hartgekochte Eier
- Butter zum Einfetten
- weißen Pfeffer
- Muskat
- 1/4 l Milch
- 3 Eier
- 3 EL geriebener Allgäuer Emmentaler

Broccoli putzen und in Röschen zerteilen, die dickeren Stiele schälen und in Scheiben oder kurze Stückchen schneiden. Broccoli fünf Minuten in kochendem Salzwasser blanchieren, abgießen, mit kaltem Wasser abschrecken und sehr gut abtropfen lassen. Die Eier pellen und achteln. Eine flache, feuerfeste Form ausbuttern. Broccoli und Eierachtel abwechselnd nebeneinander in die Form legen. Mit Salz, Pfeffer und etwas Muskat bestreuen. Milch, Eier und Käse gut verquirlen und würzen. Die Eiermilch über die Zutaten in die Form gießen. Die Form in den auf 225 Grad vorgeheizten Ofen schieben und den Gratin 15-20 Minuten überbacken, bis die Eiermilch gestockt ist.

Frischeier mit Schinken und Porree

Das Rezept dazu auf Seite 77

Gemüse-Gerichte

Scharfer Eiertopf

Die Eier schälen und in ein großes Glas oder in eine Schüssel schichten. Die Butter oder Margarine in einer Pfanne erhitzen und die gehackten Knoblauchzehen und Zwiebeln darin glasig schwitzen. Die Paprikaschoten putzen, in dünne Streifen schneiden und mit der gehackten Peperoni zu den Zwiebeln geben. Mit Rotwein ablöschen, mit Tomatenketchup und Sangrita auffüllen und zugedeckt bei mittlerer Hitze 5-10 Minuten köcheln lassen. Mit Salz, Pfeffer, Curry und Paprika abschmecken und mit der angerührten Speisestärke leicht binden.Das Gemüse über die Eier geben, erkalten lassen und über Nacht im Kühlschrank marinieren. Portionsweise mit Kresse garniert servieren. Dazu reicht man Pellkartoffeln und deftiges Bauernbrot.

12 hartgekochte Eier
2 EL Butter oder Margarine
2 Knoblauchzehen
2 Zwiebeln
1 rote Paprikaschote
1 grüne Paprikaschote
1 Peperoni
1 Glas Rotwein
1 Tasse Tomatenketchup
1/2 Flasche Sangrita Picante
Salz
Pfeffer aus der Mühle
1 TL Curry
1 TL Paprikapulver edelsüß
Speisestärke zum Binden
1 Kästchen Kresse

200 g Mehl
150 g Butter oder Margarine
1 Prise Salz
1 Prise Muskatpulver
50 ml kaltes Wasser
Für die Füllung:
1 Zwiebel
2 Karotten
1 rote Paprikaschote
100 g Lauch
2 EL Butter
1 Glas Weißwein
Salz
weißen Pfeffer
4 hartgekochte Eier
1 Tasse gehackte Kräuter
250 g Crème fraiche
125 g geriebenen Emmentaler
2 Eier
einige Butterflöckchen

Gemüse-Pie

Das Mehl auf eine Arbeitsfläche sieben und die Butter oder Margarine in Flöckchen daraufsetzen. Das Salz und das Muskatpulver darüberstreuen, das kalte Wasser dazugeben und alles von außen nach innen zu einem glatten, geschmeidigen Teig verkneten. Den Teig in ein feuchtes Küchentuch wickeln und im Kühlschrank mindestens 1 Stunde ruhen lassen. Die Zwiebel, die Karotten, die Paprikaschote und den Lauch putzen und in feine Würfel schneiden. Die Butter in einer Pfanne erhitzen und das Gemüse darin glasig schwitzen. Mit Weißwein ablöschen, mit Salz und Pfeffer würzen und 6 bis 8 Minuten dünsten. Die hartgekochten Eier schälen und in Scheiben schneiden. Eine Pieform ausfetten und mit Semmelbröseln ausstreuen. Den Teig auf einer bemehlten Arbeitsfläche dünn ausrollen und in die Pieform geben. Mit einer Gabel mehrmals einstechen. Das Gemüse und die Eischeiben gleichmäßig auf den Pie verteilen. Die Crème fraiche mit dem Emmentalerkäse und den Eiern verrühren und über die Zutaten gießen, gleichmäßig darauf verstreichen. Einige Butterflöckchen daraufsetzen und im auf 200 Grad vorgeheizten Backofen 25 bis 30 Minuten garen. Nach Ende der Garzeit die Gemüse-Pie herausnehmen, anrichten und mit frischen Kräutern garniert servieren.

Pikantes Eiergulasch

- *2 EL Butter oder Margarine*
- *2 Knoblauchzehen*
- *1 Zwiebel*
- *2 Karotten*
- *1 grüne Paprikaschote*
- *1 kleine Aubergine*
- *1 EL Salz*
- *1 kleine Zucchini*
- *1 große Dose geschälte Tomaten*
- *1/4 l gebundene Bratensauce*
- *1 TL Majoran*
- *1 TL Thymian*
- *1 EL Paprikapulver edelsüß*
- *6 Eier*
- *1 Becher saure Sahne*
- *1 Bund Schnittlauch*

Die Butter in einem Topf erhitzen und die geschälten, feingehackten Knoblauchzehen darin anschwitzen. Die Zwiebel und die Karotten schälen, in feine Würfel oder Streifen schneiden, ins Knoblauchfett geben und kurz dünsten. Die Paprikaschote halbieren, entkernen, in Streifen oder Würfel schneiden, zufügen und kurz mitschwitzen. Die geputzte Aubergine in feine Würfel schneiden, mit Salz bestreuen, dann 10 Minuten im Kühlschrank ziehen lassen, anschließend unter fließendem Wasser abwaschen und abtropfen lassen. Mit der geputzten und in Würfel geschnittenen Zucchini zum Gemüse geben und ebenfalls kurz mitschwitzen. Das Gemüse mit den geschälten Tomaten und der Bratensauce auffüllen, mit Majoran, Thymian, Paprikapulver, Salz und Pfeffer würzen. Bei mäßiger Hitze 10 bis 12 Minuten köcheln lassen. In der Zwischenzeit die Eier hartkochen, abschrecken, pellen und achteln. Die Eiachtel vorsichtig unter das Gulasch heben, nochmals abschmecken und anrichten. Mit je einem Klacks saurer Sahne überziehen, mit frisch geschnittenem Schnittlauch bestreuen und sofort servieren.

8 große Tomaten
100 g frische Champignons
100 g gekochten Schinken
1 Zwiebel
1/2 Bund Petersilie
Salz
Pfeffer aus der Mühle
1 Prise Muskat
einige Tropfen Zitronensaft
einige Tropfen Worcester
8 Eier
100 g geriebenen Emmentaler
1 Bund Schnittlauch

Gefüllte Tomaten mit Eihaube

Mit einem scharfen Messer von den Tomaten eine Haube abschneiden und mit einem Teelöffel aushöhlen. Die geputzten Champignons, den Schinken, die Zwiebel sowie die Petersilie auf einer Arbeitsfläche mit einem Wiegemesser feinhacken. Diese Masse in eine Schüssel geben, mit Salz, Pfeffer, Muskat, Zitronensaft und Worcester kräftig abschmecken und in die Tomaten füllen. Die Tomaten auf ein Grillblech setzen, mit je einem Ei füllen und mit dem Käse bestreuen. Unter dem Grill so lange überbacken, bis das Ei gestockt ist und der Käse eine goldgelbe Farbe bekommen hat. Dazu reicht man geröstetes Knoblauchbrot und Kopfsalat.

Eier auf Austernpilzen mit Kräutersauce

1 Becher Joghurt
2 EL Quark
2-3 EL frische, feingehackte Kräuter (z.B. Kerbel, Petersilie, Kresse, Schnittlauch, Dill)
Salz
weißer Pfeffer
Paprika
Zitronensaft
600 g Austernpilze
1 Zwiebel
4 Eier
1-2 EL Butter

Für die Kräutersauce Joghurt, Quark und 2 Eßlöffel (Mineral-)Wasser miteinander verrühren. Die Kräuter untermischen und mit Salz, Pfeffer, Paprika und Zitronensaft kräftig abschmecken. Die Austernpilze putzen und in grobe Stücke schneiden. Die geschälte Zwiebel feinhacken. Die Eier in ca. 8 Minuten wachsweich kochen. Inzwischen die Zwiebel in der heißen Butter bei milder Hitze weichdünsten. Die Pilze zufügen und ein paar Minuten mitbraten. Mit Salz, Pfeffer und Zitronensaft abschmecken, dann auf Teller verteilen. Die Eier kalt abschrecken, pellen und vorsichtig halbieren. Auf die Pilze setzen und mit der Kräutersauce servieren.

- 2 mittelgroße Auberginen (ca. 500 g)
- 1 gestrichener TL Salz
- 50 g Öl
- 200 g gekochter Schinken
- 1 mittelgroße Zwiebel
- 20 g Butter
- 150 g vorgedünstete Erbsen
- 8 Eier
- Salz
- 1 Msp. weißen Pfeffer

Rühreier auf Auberginenscheiben

Die Auberginen mit einem trockenen Tuch abreiben. In fingerdicke Scheiben schneiden und mit dem Salz bestreuen. Auf einem Teller 30 Minuten ziehen lassen. Die Scheiben dann mit Küchenkrepp abtupfen. Öl in einer Pfanne erhitzen, die Auberginenscheiben darin von jeder Seite 3 Minuten braten und anschließend auf Küchenkrepp legen, damit überschüssiges Fett aufgesaugt wird. Den Schinken würfeln, die geschälte Zwiebel feinhacken und beides in der heißen Butter kurz anbraten. Dann die Erbsen zugeben und miterhitzen. Die Eier mit Salz und Pfeffer in einer Schüssel mit einem Schneebesen kräftig aufschlagen. Die Masse auf die Schinken-Erbsen geben und bei reduzierter Hitze ein Rührei braten. Mit einem Löffel ab und zu das Rührei bewegen und wenden. Sobald es anfängt fest zu werden, auf die Auberginenscheiben, die nur noch warm zu sein brauchen, verteilen. Dazu paßt: Salzkartoffeln und Tomatensauce.

Eier mit Gemüse in Aspik

4 hartgekochte Eier
1 TK-Paket Erbsen und Möhren (450 g)
einige Petersilienblättchen
1/2 Glas Cornichons
Für das Aspik:
6-8 Blatt weiße Gelatine
1/2 l Wasser
2-3 EL Weinessig
1/2 TL Salz
1/4 TL weißer Pfeffer

Die Eier schälen und in Scheiben schneiden. Das Gemüse nach Packungsvorschrift garen, dann auf einem Sieb abtropfen lassen. Für das Gelee die Gelatine in kaltem Wasser 10-15 Minuten einweichen und gut ausdrücken. In der Zwischenzeit das Wasser mit den übrigen Zutaten aufkochen und etwas abgekühlt die Gelatine darin auflösen. Eine Kuppelform 1/2 cm dick mit Gelee ausgießen und im Kühlschrank festwerden lassen. Dann einige Petersilienblättchen und Eischeiben einlegen, etwas Gelee aufgießen und kühlstellen. Dann den Innenrand der Form dick mit Gelee einpinseln. Etwas Gemüse und einige Cornichonscheiben einfüllen und den Rand mit Eischeiben belegen. Wieder Gelee aufgießen und kühlstellen. So weiter verfahren, bis die Zutaten verbraucht sind. Die letzte Schicht sollte Gemüse und Gelee sein. Die Form im Kühlschrank einige Stunden kühlstellen. Dazu paßt: Röstkartoffeln.

Der Tip

Omeletts und Rühreier werden besonders saftig, wenn sie statt mit Milch mit Mineralwasser aufgeschlagen werden.

Eierspaghetti mit Gemüse

Die Butter in einem Topf erhitzen und die feingehackten Zwiebeln darin glasig dünsten. Die Paprikaschoten halbieren, entkernen, in Würfel schneiden, zu den Zwiebeln geben und kurz mitschwitzen. Mit Weißwein ablöschen und mit der hellen Sauce auffüllen. Mit Zitronensaft und Worcestersauce würzen und zugedeckt bei mittlerer Hitze 10 Minuten köcheln lassen. Die gut abgetropften Erbsen und Karotten mit der Crème fraiche und dem zerbröckelten Gorgonzola unterziehen und alles zusammen erhitzen. Die Eier schälen, feinhacken und unter die Sauce heben. Mit Salz, Pfeffer und Cayennepfeffer kräftig abschmecken und nochmals erhitzen. Die bißfest gekochten Spaghetti anrichten, mit der Eiersauce überziehen und mit frisch geschnittenem Schnittlauch bestreut servieren.

2 EL Butter
2 Zwiebeln
2 rote Paprikaschoten
1 Schuß Weißwein
1/4 l helle Sauce
Saft von 1 Zitrone
einige Tropfen Worcestersauce
1 Dose Erbsen und Karotten
1 Tasse Crème fraiche
100 g Gorgonzola
8 hartgekochte Eier
Salz
Pfeffer aus der Mühle
1 Prise Cayennepfeffer
1 Prise Zucker
250 g Spaghetti
1 Bund Schnittlauch

Pochierte Eier auf feinem Gurkengemüse

- 2 kleine Schmorgurken
- Weißweinessig
- 30 g Butter
- Salz
- frischgemahlener Pfeffer
- 8 Eier
- Dillspitzen

Die Gurken schälen, längs halbieren und die Kerne herauskratzen. Die Gurke in 1/2 cm breite Scheiben schneiden. Reichlich Wasser mit Essig erhitzen. Die Gurkenscheiben mit 4 Eßlöffel Wasser in der erhitzten Butter zugedeckt 5 Minuten dünsten, mit Salz und Pfeffer würzen. Die Eier einzeln in eine Tasse schlagen, in das siedende Essigwasser geben, dabei das Eiweiß über das Eigelb ziehen. Bei mittlerer Hitzezufuhr 4 Minuten pochieren, dann auf dem Gurkengemüse anrichten. Mit Salz und Pfeffer übermahlen und mit Dillspitzen garniert servieren.

Der Tip

Ein pochiertes Ei ist bei Appetitlosigkeit oder bei Verdauungsstörungen zu empfehlen. Es eignet sich für jede Art von Abmagerungskur und paßt in jede Krankendiät.

Frischeier mit Schinken und Porree

- 6 frische Eier
- 500 g Porree
- 30 g Butter
- 1/2 l Fleischbrühe
- 1/8 l süße Sahne
- 30 g Mehl
- Salz
- Pfeffer
- einige Tropfen Zitronensaft
- 150 g roher Schinken

Die Eier hartkochen, Porree putzen, waschen, in Stücke schneiden und in Butter andünsten (etwas grünen Porree zur Garnitur der Eier zurücklassen). Mit Fleischbrühe auffüllen und dann 10 bis 15 Minuten garen. Anschließend den Porree herausnehmen. Sahne und Mehl verrühren und die Sauce damit binden, mit Salz und Zitronensaft würzen. Den Porree wieder hineingeben, erhitzen und mit Schinkenstreifen und hartgekochten, halbierten Eiern anrichten. Die Eier mit den zurückbehaltenen Porreestücken garnieren.
Dazu paßt: Salzkartoffeln und Tomatensalat.

Körner-Rührei mit frischem Spargel

- 200 g ganzer Dinkel
- 500 g weißer Spargel
- 500 g grüner Spargel
- 1 Msp. Honig
- 1 TL Butter
- 8 Eier
- 4 EL Milch
- 2 EL Hefeflocken
- Salz
- Pfeffer
- Paprika edelsüß
- Butterschmalz

Den Dinkel über Nacht in 1/2 l Wasser einweichen. Am nächsten Tag im Einweichwasser mit etwas Salz in ca. 45 Minuten bißfest garen. Währenddessen den weißen Spargel schälen (grüner Spargel braucht nicht geschält zu werden) und die holzigen Enden bei beiden Spargelsorten abschneiden. Dann den Spargel in einen Topf legen, soviel Wasser angießen, daß der Spargel bedeckt ist. Etwas Salz, die Butter und den Honig zugeben, das Wasser zum Kochen bringen und in ca. 15 Minuten gar kochen. Den Dinkel abtropfen lassen, dann mit den Eiern, den Hefeflocken und der Milch verschlagen, mit den Gewürzen pikant abschmecken. In einer Pfanne Butterschmalz erhitzen und darin als Rührei braten. Den abgetropften Spargel auf 4 Teller verteilen, das Körner-Rührei auf den Spargel geben und sofort servieren.

40 g durchwachsener, geräucherter Speck
20 g Butter
1 Zwiebel
1 Stange Lauch (200 g)
4 Tomaten (500 g)
Salz
weißer Pfeffer
Paprika edelsüß
8 Eier
2 EL gehackte Petersilie

Eier auf Gemüse

Den Speck feinwürfeln und in der Butter goldbraun ausbraten. Geschälte gewürfelte Zwiebel darin goldgelb dünsten. Geputzten, gewaschenen Lauch in Scheiben schneiden, zufügen und unter Wenden glasig braten. In eine große oder zwei kleine flache Auflaufformen geben. Die gewaschenen Tomaten in Scheiben schneiden und darauf verteilen. Leicht salzen, pfeffern und mit Paprika bestäuben. Die Eier aufschlagen und daraufgleiten lassen. Eiweiß salzen, Eigelb mit Paprika bestäuben. Im vorgeheizten Backofen ca. 15 Minuten bei 200 Grad C stocken lassen. Mit der gehackten Petersilie bestreut servieren.

Gefüllter Kohlrabi mit Brunnenkresseschaum

8 mittelgroße Kohlrabi
6 Eier
1 kleine rote Paprika
Muskat
Salz
Pfeffer
Für die Sauce:
1 Zwiebel
1 Petersilienwurzel (ersatzweise einige Petersilienstengel)
Saft von 1/2 Zitrone
1 TL Gemüsebrühe-Extrakt
1 Bund Brunnenkresse
2 EL Sauerrahm
2 EL Hirsemehl
150 ml Sahne

Kohlrabi schälen, einige schöne Blättchen aufheben. Den Kohlrabi in kochendem Salzwasser 20-30 Minuten garen. Währenddessen die Paprika waschen, putzen und in kleine Würfel schneiden. Kohlrabiblättchen hacken und mit der Paprika und den Eiern gut verquirlen. Kräftig mit den Gewürzen abschmecken. Den gegarten Kohlrabi aus dem Kochwasser heben, mit einem Kugelausstecher aushöhlen, dabei einen ca. 1 cm dicken Rand stehen lassen. 250 ml des Kohlrabi-Kochwassers beiseite stellen. Das Ei in die Kohlrabi füllen. Die Form auf der mittleren Schiene in den vorgeheizten Ofen schieben und das Ei

bei 220 Grad ca. 30 Minuten stokken lassen.
Für die Sauce die Zwiebel schälen, feinhacken, mit dem Kohlrabi-Kochwasser, dem Zitronensaft, dem Gemüsebrühe-Extrakt sowie der Petersilienwurzel aufkochen und ca. 15 Minuten reduzieren, danach durch ein Sieb passieren. Brunnenkresse abbrausen, die Blättchen feinhakken und mit dem Sauerrahm in den Sud geben. Erhitzen, mit dem Hirsemehl andicken und kurz aufkochen lassen. Die Sahne steifschlagen und unterziehen. Mit Salz, Pfeffer und Zitronensaft abschmecken. Den Brunnenkresseschaum zu den Kohlrabi servieren.

Gemüsekuchen mit Eierguß

Das Mehl in eine Rührschüssel sieben, in die Mitte eine Mulde drükken, die Hefe hineinbröckeln, die abgekühlte Butter, Salz und Milch zugeben und mit dem Knethaken den Hefeteig schlagen, bis er sich vom Schüsselrand löst. Den Teig zugedeckt 30 Minuten gehen lassen, dann in Größe der Form (30 cm Durchmesser) ausrollen und in die eingefettete Form geben. An den Rändern andrücken und den Boden mit einer Gabel mehrmals einstechen. Für den Belag die Paprikaschoten halbieren und in Streifen, die Zwiebeln in Ringe schneiden. Die Tomaten halbieren, entkernen und grob würfeln. Das Öl in einer Pfanne erhitzen, das Gemüse 10 Minuten darin andünsten und abkühlen lassen, dann auf dem Hefeteig verteilen. Die Eier mit Sahne und den übrigen Zutaten verquirlen und auf das Gemüse verteilen. Die Form im vorgeheizten Backofen bei 200 Grad auf die Mittelschiene schieben und 35 Minuten backen.

Für den Teig:
300 g Mehl
20 g Hefe
1 TL Salz
1/8 l lauwarme Milch
80 g flüssige Butter
Für den Belag:
500 g Paprikaschoten (rot, grün, gelb)
250 g Zwiebeln
350 g Tomaten
3 EL Öl
Für den Guß:
6 Eier
1/16 l Sahne
Salz
gemahlener Pfeffer
1 gehackte Knoblauchzehe
1 EL gehackte gemischte Kräuter
200 g gewürfelter Butterkäse

8 Eier
2 EL Butter
2 Zwiebeln
1 rote Paprikaschote
1 grüne Paprikaschote
1 Tasse Tomatenketchup
1 Glas Weißwein
Saft von 1 Orange
Salz
schwarzen Pfeffer
1 TL Currypulver
1 TL Paprikapulver
etwas Essig
1 Prise Zucker
1/2 Tasse gehackte, frische Kräuter

Süßsaure Paprika-Eier

Die Eier wachsweich kochen, schälen und in eine Schüssel geben. Die Butter in einem Topf erhitzen und die in Scheiben geschnittenen Zwiebeln darin glasig schwitzen. Die Paprikaschoten halbieren, entkernen, in Streifen schneiden, zur Zwiebel geben und kurz mitschwitzen. Den Tomatenketchup, den Weißwein und den Orangensaft dazugeben und bei mäßiger Hitze 6 bis 8 Minuten köcheln. Mit Salz, Pfeffer, Curry, Paprikapulver, Essig und Zukker abschmecken. Die Kräuter unterziehen und die Paprikamischung gleichmäßig auf den Eiern verteilen. Vollständig abkühlen lassen und erst dann servieren.

Zucchini-Eierkuchen

Eier und Eigelb in einer Schüssel gründlich verquirlen. Mehl, Milch und einen Schuß Mineralwasser zufügen. Zu einem glatten Teig verrühren, mit Salz, Pfeffer und den Thymianblättchen würzen. Die Zucchini waschen, die Enden abschneiden und die Zucchini mit Schale längs in dünne Scheiben schneiden. In einer mittelgroßen Eisenpfanne 1 Eßlöffel Butterschmalz erhitzen, die Hälfte der Zucchini darin kurz anbraten. Herausnehmen, dann die restlichen Zucchinischeiben anbraten. Auf Küchenpapier abtropfen lassen, von beiden Seiten salzen und pfeffern. Die Pfanne auswischen, etwas Butterschmalz darin heiß werden lassen. Die Hälfte der Eiermasse einfüllen und mit der Hälfte der Zucchinischeiben sternförmig belegen. Den Eierkuchen zugedeckt bei mittlerer Hitze stocken lassen, bis die Eiermasse schnittfest ist. Herausnehmen und warmstellen. Aus den restlichen Zutaten einen zweiten Eierkuchen zubereiten. Noch warm in Tortenstücke aufschneiden und mit Tomatenscheiben anrichten.

Der Tip

Wenn man kurz vor dem Anrichten von Rühreiern einen Eßlöffel Sahne oder Kondensmilch unterrührt, behalten die Rühreier ihren seidigen Glanz und die angenehme Konsistenz.

3 Eier
1 Eigelb
175 g Mehl
1/4 l Milch
Mineralwasser
Salz
Pfeffer
1 Zweig frischer Thymian
400 g kleine Zucchini
2 EL Butterschmalz
2-3 kleine Tomaten

Schnittlauchsauce mit harten Eiern

Das Rezept dazu auf Seite 88

Pfannen- & Saucengerichte

- 1 EL Olivenöl
- 1 Knoblauchzehe
- 1 Zwiebel
- 1 rote Paprikaschote
- 1 grüne Paprikaschote
- 100 g frische Champignons
- 100 g grüne Erbsen (TK-Produkt)
- 1 Schuß Weißwein
- einige Tropfen Zitronensaft
- 1 Prise Meersalz
- weißen Pfeffer aus der Mühle
- 1 Prise Muskat
- 1/2 Bund Basilikum
- 1/2 Bund Zitronenmelisse
- 8 Eier
- 4 EL Olivenöl
- Kräuterzweige zum Garnieren

Frittata mit Gemüse

Das Olivenöl in einer Pfanne erhitzen und die sehr feingehackte Knoblauchzehe darin hellgelb dünsten. Die feingehackte Zwiebel sowie die geputzten, in dünne Streifen geschnittenen Paprikaschoten ins Knoblauchöl geben und glasig schwitzen. Die Champignons putzen, in Scheiben schneiden und mit den Erbsen zum übrigen Gemüse geben, ebenfalls kurz mitschwitzen. Mit einem Schuß Weißwein ablöschen und das Ganze zugedeckt bei mäßiger Hitze 8-10 Minuten köcheln, mit Zitronensaft, Meersalz, Pfeffer und Muskat würzen, vom Feuer nehmen und abkühlen lassen. Basilikum und Zitronenmelisse verlesen, feinschneiden und unter das Gemüse heben. Die Eier in eine Schüssel schlagen und verquirlen, dann das Gemüse unter die Eimasse ziehen. Olivenöl in einer großen Pfanne erhitzen und die Masse in das heiße Fett gießen. Mit einer Gabel gut durchrühren, bis die Eier zu stocken beginnen. Sobald die Eier an der Unterseite Farbe genommen haben, die Frittata wenden und vollständig ausbacken. Die Frittata herausnehmen, zusammenklappen und mit Kräuterzweigen garniert servieren.

Pikant gefüllte Omelettes

8 Eier
4 EL Sahne
Salz
1/4 TL Muskatpulver
4 TL Butter
Für die Füllungen:
50 g abgetropfte feine Erbsen (Dose)
50 g frische Krabben
100 g Champignons
1 TL Zitronensaft
1 TL Butter
Für die Sahne-Kräutersauce:
20 g Butter
20 g Mehl
1/8 l heiße Brühe
1 Schuß Weißwein
1 Prise Zucker
etwas Salz
4 EL Sahne
je 1 EL gehackter frischer Dill und Schnittlauch

Die Eier mit der Sahne, Salz und Muskatpulver vermischen und portionsweise in erhitzter Butter 4 dünne Omelettes backen. Für die erste Füllung die abgetropften Erbsen mit den Krabben vermischen. Die Hälfte in die Mitte eines Omeletts geben, zusammenrollen, zweimal quer durchschneiden, die Omelette-Stücke hochkant stellen, dabei darauf achten, daß die Füllung nicht herausfällt. Mit dem zweiten Omelette ebenso verfahren. Danach die blättrig geschnittenen Champignons mit Zitronensaft beträufeln und in der erhitzten Butter unter Rühren dünsten. Zu gleichen Teilen auf die beiden restlichen Omelettes verteilen, ebenfalls zweimal quer durchschneiden und die Stücke hochkant stellen. Für die Sahne-Kräutersauce die Butter erhitzen, das Mehl unter Rühren hinzufügen, mit heißer Brühe ablöschen, mit Weißwein, Zucker und Salz abschmecken, mit der Sahne verfeinern und zum Schluß die Kräuter unterheben. Zu gleichen Teilen über die Omelettes gießen und rasch servieren.

Feine Pfannenpizza

- 6 Eier
- 1 1/2 EL Vollkornmehl
- 4-5 EL Milch
- Salz, Pfeffer
- 4 Tomaten
- 100 g geräucherten, rohen Schinken
- 100 g Krabben oder Crevetten
- 1 Dose Mischgemüse
- 1 EL Basilikum
- 1 EL Oregano
- 200 g geriebenen Provolone
- Kräuterzweige zum Garnieren

Die Eier in eine Schüssel schlagen und mit dem Schneebesen verquirlen. Das Mehl und die Milch zu den Eiern geben und alles gut miteinander vermischen, mit Salz und Pfeffer würzen. Eine Pfanne mit etwas Fett erhitzen und portionsweise oder die gesamte Eimasse hineingeben. Mit der Gabel gut durchrühren und auf einer Seite stocken lassen, dann vom Feuer nehmen und bereitstellen. Die Tomaten enthäuten und in Scheiben, den Schinken in dünne Streifen schneiden. Die Tomaten auf der Pfannenpizza verteilen, mit den Schinkenstreifen, den Krabben oder Crevetten und dem abgetropften Mischgemüse bedecken. Das

Ganze mit Salz, Pfeffer, Basilikum und Oregano würzen. Den Provolone gleichmäßig über die Zutaten streuen und unter dem Grill oder im Backrohr so lange überbacken, bis der Käse eine goldgelbe Farbe hat. Die Pfannenpizza herausnehmen, anrichten und mit Kräuterzweigen garniert servieren.

Omelett Allgäuer Art

- *100 g roher Schinken*
- *1 Zwiebel*
- *20 g Butter*
- *1 große Fleischtomate*
- *80 g Butter*
- *Salz, schwarzer Pfeffer*
- *frisches Basilikum*
- *3 EL Milch*
- *2 TL Speisestärke*
- *8 Eier*
- *Salz, Pfeffer*
- *100 g geriebenen Emmentaler*
- *1 Bund Schnittlauch*

Den Schinken in Würfel schneiden und die geschälte Zwiebel feinhakken. Beides in der erhitzten Butter andünsten, dann abkühlen lassen. Die gehäutete Tomate in kleine Würfel schneiden, dabei Stengelansatz und Kerne entfernen. 1 Eßlöffel Butter erhitzen, die Tomatenwürfel darin andünsten und mit Salz und Pfeffer würzen. Das feingehackte Basilikum daruntermischen und warm stellen. Die Eier trennen, Eigelb mit Milch sowie der Speisestärke verquirlen, mit Salz und Pfeffer würzen. Das Schinken-Zwiebel-Gemisch und den Käse untermischen. Eiweiß steifschlagen und unter die Eiercreme ziehen. Butter in einer Pfanne schmelzen lassen und aus dem Teig nacheinander vier Omeletts bakken. Jedes Omelett mit etwas Tomatengemüse füllen, von beiden Seiten her zur Mitte klappen und mit gehacktem Schnittlauch bestreut servieren.

Marinierte Eier mit Dillsauce

- *8 Eier*
- *1/4 l Kräuteressig*
- *1/4 l Wasser*
- *je 1 TL Senf- und Pfefferkörner*
- *2 Lorbeerblätter*
- *6 Pimentkörner*
- *3 Knoblauchzehen*
- *2 Eigelb*
- *2 EL Essig*
- *1 TL scharfer Senf*
- *1 EL Delikateßsenf*
- *2 EL gehackter Dill*
- *1 Prise Zucker*
- *2 Kästchen Kresse*

Die Eier in reichlich sprudelnd kochendem Salzwasser auf den Punkt genau in 12 Minuten hartkochen. In der Zwischenzeit den Kräuteressig mit dem Wasser, den Senf- und Pfefferkörnern, Lorbeerblättern, Pimentkörnern und den geschälten, halbierten Knoblauchzehen aufkochen und 5 Minuten ziehen lassen. Die Eier abgießen, abschrecken und die Schale leicht brechen. Die Eier dann in ein Steingutgefäß legen und mit dem heißen Sud übergießen. 2 bis 3 Tage durchziehen lassen.
Zum Servieren die beiden Eidotter mit Essig, Senf und Dill verrühren, mit Salz und Zucker abschmecken. Kresse abspülen und abtropfen lassen, die Blättchen mit einem Teil des Stiels abschneiden und auf einer Servierplatte ausbreiten. Die Eier abtropfen lassen, schälen, halbieren und auf dem Kressebett anrichten. Mit der Sauce überziehen.

Dazu paßt: Vollkornbrot oder ofenfrisches Stangenweißbrot.

Feines Eierfrikassee mit Kresse

- 8 Eier
- 2 EL Butter
- 1 Zwiebel
- 250 g frische Champignons
- Saft von 1 Zitrone
- 1 Glas Weißwein
- Salz
- weißen Pfeffer
- 1 Prise Cayennepfeffer
- 1 Prise Zucker
- einige Tropfen Worcestersauce
- 1/4 l gebundene helle Sauce
- 1 Becher Sahne
- 3 Eigelb
- 1 Kästchen Kresse

Die Eier in kochendes Wasser geben und 8-10 Minuten garen, unter kaltem Wasser abschrecken und schälen. Die Butter in einem Topf erhitzen und die geschälte, feingehackte Zwiebel darin glasig schwitzen. Die Champignons putzen, in Scheiben schneiden, mit Zitronensaft beträufeln und zu den Zwiebeln geben, kurz dünsten, mit Weißwein ablöschen und 4-5 Minuten köcheln lassen. Mit Salz, Pfeffer, Cayennepfeffer, Zucker und Worcestersauce würzen. Die gebundene helle Sauce angießen und das Ganze zum Kochen bringen. Die hartgekochten Eier halbieren, in die heiße Sauce legen und etwas ziehen lassen. Die Sahne mit dem Eigelb verschlagen, den Topf vom Feuer nehmen und das Frikassee mit der Eigelbsahne legieren, nochmals kräftig abschmecken, die feingehackte Kresse unterziehen, anrichten und servieren.

Schnittlauchsauce mit harten Eiern

- 3 hartgekochte Eier
- 1/4 l Milch
- 1/8 l Sahne
- 30 g Mehl
- Salz
- weißer Pfeffer aus der Mühle
- 1 EL Salatöl
- 1 großer Bund Schnittlauch
- Weinessig
- 2 EL dicke saure Sahne

Von der Milch einige Eßlöffel abnehmen, den Rest mit der Sahne aufkochen. Das Mehl mit der abgenommenen Milch glattrühren, in die kochende Mischung geben und alles unter ständigem Rühren 8 Minuten kräftig kochen. Danach ganz erkalten lassen. Die Eier schälen, Eigelbe durch ein Sieb streichen, Eiweiß hacken. Das durchgedrückte Ei-

- 2-3 EL Butter
- 2 Putenschnitzel
- Meersalz
- weißen Pfeffer aus der Mühle
- 1 TL Kräuter der Provence
- 1 Zwiebel
- 1 rote Paprikaschote
- 1 grüne Paprikaschote
- 2 Karotten
- 100 g Blumenkohlröschen
- 1 kleine Zucchini
- 1/4 l Gemüsebrühe
- 4 Tomaten
- 8 Eier
- Essigwasser
- 1/2 Bund Schnittlauch
- 1/2 Bund Petersilie
- 2 EL Pinienkerne
- 2 EL geschälte Sonnenblumenkerne

gelb mit dem Öl glattrühren, dann nach und nach die Milchsauce hinzufügen. Den zu feinen Röllchen geschnittenen Schnittlauch und das Eiweiß in die Sauce geben und diese mit Salz, Pfeffer und Essig pikant abschmecken, die saure Sahne erst unmittelbar vor dem Servieren unterziehen. Die Sauce zu hartgekochten Eiern und neuen Kartoffeln reichen.

Vollwertpfanne mit pochierten Eiern

Die Butter in einer großen Pfanne zerlaufen lassen. Die Putenschnitzel unter fließendem Wasser abwaschen, trockentupfen und in feine Würfel oder Streifen schneiden. Mit Salz, Pfeffer und Kräutern der Provence würzen und im Fett anbraten. Die Zwiebel, die Paprikaschoten und die Karotten putzen, in feine Würfel oder Streifen schneiden, zum Fleisch geben und kurz mitschwitzen. Die Blumenkohlröschen zufügen und das Ganze zugedeckt 8 bis 10 Minuten dünsten. In der Zwischenzeit die Zucchini putzen, halbieren, in Scheiben schneiden, dazugeben und mit der Gemüsebrühe auffüllen. Die enthäuteten, entkernten und in Würfel geschnittenen Tomaten ebenfalls unterrühren und weitere 4 bis 5 Minuten köcheln lassen. Das Gemüse mit Meersalz und Pfeffer sowie Kräutern der Provence würzen. Die Eier in Essigwasser pochieren. Das Gemüse anrichten, mit den pochierten Eiern belegen und mit feingehackten Kräutern sowie den Sonnenblumenkernen bestreut servieren.

Frühstückseierpfanne

Die Butter in einer Pfanne erhitzen und die geschälte, in feine Würfel geschnittene Zwiebel darin glasig schwitzen. Die Karotten, den Lauch und den Sellerie putzen, in hauchdünne Streifen schneiden, zu den Zwiebeln geben und bei mäßiger Hitze weichdünsten, das Gemüse mit Salz, Pfeffer, Muskat und Cayennepfeffer würzen. Den in feine Streifen geschnittenen Schinken und die Krabben oder Crevetten zum Gemüse geben und kurz mitgaren. Den Dill und die Petersilie feinhakken und unter das Gemüse heben. Das Ganze nochmals abschmekken und die Eier als Spiegeleier gleichmäßig daraufsetzen. Die Eier mit Salz und Pfeffer bestreuen und so lange braten, bis diese gestockt sind.

2 EL Butter
1 Zwiebel
2 Karotten
1 Stück Lauch
1 Stück Sellerie
Salz
weißen Pfeffer aus der Mühle
1 Prise Muskatpulver
1 Prise Cayennepfeffer
100 g gekochten Schinken
100 g Krabben oder Crevetten
1/2 Bund Dill
1/2 Bund Petersilie
8 Eier

Tomaten-Omelette „Griechische Art“

- *1200 g Tomaten*
- *30 g Knoblauchbutter*
- *Salz, Pfeffer*
- *8 Eier*
- *1-2 TL Zitronensaft*

Die Tomaten mit heißem Wasser überbrühen, schälen, achteln und entkernen. Das Tomateninnere mit den Kernen beiseite stellen. Portionsweise, also je ein Viertel der Tomaten, in eine Pfanne geben, mit Salz und Pfeffer bestreuen und unter Rühren etwas einkochen lassen. Die Knoblauchbutter flöckchenweise hinzufügen, dabei mehrmals umrühren. Jeweils zwei Eier gut verquirlen, salzen, pfeffern und über die Tomaten geben, nochmals verrühren, dann bei geringer Hitze stocken lassen. Auf diese Weise insgesamt vier Tomaten-Omelettes zubereiten, die Omelettes warmstellen. In der Zwischenzeit das Tomateninnere pürieren, durch ein Sieb seihen und in einem Saucenpfännchen erhitzen. Mit Salz, Pfeffer und frisch gepreßtem Zitronensaft abschmecken. Die Tomaten-Sauce getrennt zu den Omelettes reichen.

Fritierte Käse-Eier auf Tomatensauce

- *80 g Mehl*
- *1/8 l Mineralwasser*
- *1 EL Öl*
- *9 Eier*
- *Salz*
- *1 EL Semmelbrösel*
- *2 EL geriebener Käse (z.B. Emmentaler)*
- *2 Zwiebeln*
- *1 Knoblauchzehe*
- *1/2 EL Butter*
- *500 g Tomaten*
- *1 Prise Zucker*
- *Pfeffer*
- *Tabasco*
- *Butterschmalz zum Fritieren*
- *2-3 EL frische, feingehackte Kräuter*
- *Basilikumblättchen zum Garnieren*

Mehl, Mineralwasser, Öl, 1 Ei, etwas Salz, Semmelbrösel und Käse in eine Schüssel geben. Mit einem Schneebesen schlagen, bis der Teig glatt ist. Zugedeckt 1 Stunde ruhen lassen. Inzwischen die restlichen Eier in 4-5 Minuten wachsweich kochen. Abschrecken und vorsichtig pellen.Für die Tomatensauce Zwiebeln und Knoblauch schälen, hacken und in heißer Butter glasig dünsten. In Stücke geschnittene Tomaten zufügen. Mit Salz, Zucker, Pfeffer und ein paar Tropfen Tabasco würzen. Unter gelegentlichem Rühren etwas einköcheln lassen.Butterschmalz in einem kleinen Topf erhitzen. Die Eier durch den Teig ziehen, dann portionsweise im heißen Fett goldgelb fritieren. Auf Küchenpapier abtropfen lassen. Die Kräuter unter die Tomatensauce rühren und abschmekken. Die Eier auf der Sauce anrichten, mit Basilikumblättchen garniert servieren.
Dazu paßt: Kartoffelpüree.

Für die Sauce:
1 Zwiebel
2 Knoblauchzehen
1 grüne Paprikaschote
50 g roher Schinken
4 Tomaten
5 EL Olivenöl
1 Lorbeerblatt
1 EL gehackte Petersilie
1/4 TL schwarzen Pfeffer
1/2 TL Salz
1/8 l Brühe
1 Glas trockener Sherry
Für die Eier:
100 g Räucherwurst
1 kleines Glas Spargel
1 Tasse gekochte Erbsen
4 Eier

Eier nach Flamencoart

Für die Sauce die Zwiebel und die Knoblauchzehen schälen und feinhacken. Die Paprikaschote halbieren, die Kerne sowie den weißen Pelz herausschneiden, die Schote und den rohen Schinken feinwürfeln. Die Tomaten einritzen, kurz in kochendes Wasser halten, die Haut abziehen und halbieren, die Kerne ausdrücken und die Hälften würfeln. Das Olivenöl in einem Topf erhitzen, Zwiebel und Knoblauch darin glasig dünsten. Die Paprika- und Schinkenwürfel sowie die Tomaten, das Lorbeerblatt, Petersilie, Salz und Pfeffer zufügen und gut durchrühren. Das Ganze etwa 4-5 Minuten köcheln lassen. Die Brühe nach Bedarf dazugeben, die Sauce sollte etwas dicklich sein. Mit dem Sherry abschmecken und die Masse in 4 kleine feuerfeste, ausgefettete Förmchen geben. Die Spargelstangen und die Erbsen kurz in Butter erhitzen und zusammen mit den Räucherwurstscheiben darauf verteilen. Zum Schluß in jedes Pfännchen ein Ei aufschlagen, etwas salzen und im heißen Ofen anziehen lassen.

Katalanische Eierpfanne

- 1 große Zwiebel
- 1 Knoblauchzehe
- 2 grüne Paprikaschoten
- 1 rote Paprikaschote
- 500 g Tomaten
- 2 EL Olivenöl
- Salz
- schwarzer Pfeffer
- 8 Eier
- 6 EL Mineralwasser
- 1 EL gehackte Petersilie
- 100 g gekochter Schinken

Die Zwiebel und Knoblauchzehe schälen und hacken. Die Paprikaschoten waschen, halbieren, die Kerne und weißen Teile entfernen, die Hälften in Streifen schneiden. Die gehäuteten Tomaten halbieren, entkernen und in Stücke schneiden. Zwiebel und Knoblauch im erhitzten Öl glasig werden lassen, Paprikastreifen dazugeben, mit andünsten, dann die Tomaten zufügen und würzen. Die Eier mit dem Mineralwasser, Salz und Pfeffer verquirlen, darübergießen und bei schwacher Hitze stocken lassen. Vor dem Servieren mit Petersilie und Schinkenwürfeln bestreuen.
Dazu paßt: Bauernbrot.

Der Tip

Eierschalen sind ein vorzügliches Düngemittel. Man gibt die zerkleinerten Schalen in einen mit Wasser gefüllten Topf, in dem sie etwa 3 Wochen lang verschlossen auslaugen. Die Zimmerpflanzen werden alle 2-3 Wochen einmal mit dieser Lösung gedüngt.

Sprotten-Pfanne

- 50 g Butter
- 4 Zwiebeln
- 500 g Pellkartoffeln
- Salz
- weißer Pfeffer
- 4 Tomaten
- 4 Eier
- 1/2 Tasse Milch
- 12 Sprotten
- 1 EL Kapern
- 1 EL gehackte Petersilie

Die Butter in der Pfanne schmelzen lassen. Die Zwiebeln und die Kartoffeln schälen. Beides in Scheiben schneiden und in der Butter goldgelb anrösten, mit Salz und Pfeffer würzen. Die gewaschenen Tomaten in Scheiben schneiden und dazugeben. Die Eier mit der Milch verquirlen und über den Pfanneninhalt gießen. Von den Sprotten die Köpfe und Schwänze entfernen, die Sprotten sternenförmig auf die Eiermasse legen. Die Kapern darüber streuen, die Pfanne zudecken und das Ganze bei kleinster Flamme stocken lassen. Vor dem Servieren mit der gehackten Petersilie bestreuen.

3 Eier
1/2 Zwiebel
1 Knoblauchzehe
4 EL trockener Weißwein
1/2 Päckchen Delikatess Kräutersauce
50 g Nordseekrabben
2 Portionen Kartoffelpüree
1 Prise Salz

Eier in Krabbensauce

(für 2 Personen)

Zwiebel und Knoblauch schälen und feinwürfeln. Wein aufsetzen, Zwiebel und Knoblauch hineingeben und bei schwacher Mittelhitze weichkochen. In einem viertel Liter Wasser die Kräutersauce unter ständigem Rühren zum Kochen bringen. Die Krabben in die Sauce geben und darin ziehen lassen, anschließend abschmecken. Die Eier je nach Größe in ca. 5–6 Minuten wachsweich kochen, abschrecken, schälen und halbieren. Die Eier auf eine Platte geben und die Krabbensauce darüber verteilen. Das Kartoffelpüree nach Vorschrift herstellen und dazureichen.

Eier mit Frankfurter Sauce

Das Eigelb in eine Schüssel geben, mit dem Senf und dem Essig glattrühren, mit Worcestersauce und Zucker würzen. Das Olivenöl mit dem Schneebesen tropfenweise unterrühren, so daß eine schaumige Sauce entsteht, anschließend die saure Sahne unterziehen.
Die Kräuter verlesen, waschen, gut abtropfen lassen, feinhacken und unter die Sauce ziehen. Mit Salz, Pfeffer und Zitronensaft abschmekken. Die Eier wachsweich kochen, schälen und anrichten. Die Frankfurter Sauce, die Kartoffeln und die Butter dazugeben, das Ganze ausgarnieren und servieren.

4 Eigelb
2 EL mittelscharfer Senf
2-3 EL Essig
etwas Worcestersauce
1 Prise Zucker
1 Tasse Olivenöl
1 Becher saure Sahne
1 Päckchen Kräuter für grüne Sauce oder je einige Zweige Dill, Estragon, Schnittlauch, Petersilie, Pimpinelle, Zitronenmelisse, Borretsch
Salz
weißen Pfeffer
etwas Zitronensaft
8 Eier
Pellkartoffeln
4 Portionen Butter

4 Zanderfilets 200 g
einige Tropfen Zitronensaft
einige Tropfen Worcestersauce
Salz
weißen Pfeffer aus der Mühle
1 Tasse Mehl
4 EL Butter
75 g durchwachsenen, geräucherten Speck
1 Zwiebel
200 g frische Pfifferlinge
1 Prise Muskat
2 EL geschnittenen Schnittlauch
2 EL gehackte Petersilie
2 EL Butter
4 Eier

Mindeltaler Zanderfilet

Die Zanderfilets unter fließendem Wasser abwaschen, trockentupfen, mit Zitronensaft und Worcestersauce beträufeln und mit Salz und Pfeffer würzen, anschließend in Mehl wenden. Butter in einer Pfanne erhitzen und die Zanderfilets darin braten, herausnehmen und warmstellen. Den Speck in feine Würfel schneiden und im verbliebenen Bratfett auslassen. Die geschälte und feingehackte Zwiebel zum Speck geben und glasig schwitzen. Die geputzten Pfifferlinge dazugeben und kurz mitschwitzen. Das Ganze mit Salz, Pfeffer und Muskat würzen, den Schnittlauch und die Petersilie untermischen. Die Butter in einer Pfanne erhitzen und die Eier darin zu Spiegeleier braten. Die Zanderfilets anrichten, mit den Pilzen belegen, je ein Spiegelei daraufsetzen und mit Kräuterzweigen garniert servieren.

Eier in Kräutersauce

9 hartgekochte Eier
50 g Mayonnaise
1/4 l saure Sahne
Saft von 1 Zitrone
Salz, Pfeffer
Zucker
200 g frische Kräuter (Dill, Schnittlauch, Petersilie, Estragon, Pimpinelle, Zitronenmelisse, Borretsch)

Mayonnaise mit Sahne und Zitronensaft verrühren. Ein hartgekochtes Ei feinhacken und zugeben. Salzen, pfeffern und mit Zucker abschmecken. Die Kräuter gut waschen und abtrocknen. Einige Kräuter zum Garnieren zurücklassen, alle anderen feinhacken und in die Sauce geben. Die 8 Eier schälen und der Länge nach halbieren. Mit der Rundung nach unten in die Sauce legen. Mit den übriggebliebenen Kräutern garnieren.
Dazu paßt: Pell- oder Salzkartoffeln.

Eierpfännchen mit Crevetten

Die Butter in einer Pfanne erhitzen und die Speckscheiben darin braten, herausnehmen und warmstellen. Die feingehackte Zwiebel im verbliebenen Bratfett glasig schwitzen. Das Gemüse dazugeben, mit der Brühe auffüllen, mit Salz, Pfeffer, Muskat und Zucker würzen und so lange bei mittlerer Hitze köcheln lassen, bis die Flüssigkeit verdampft ist. Anschließend die Crevetten zufügen und kurz mitschwitzen, die Kirschtomaten waschen, halbieren und mit dem Speck dekorativ auf dem Gemüse anrichten. Die Eier vorsichtig in die Pfanne geben und bei mäßiger Hitze stocken lassen. Mit frisch geschnittenem Schnittlauch bestreut servieren.

- *1 EL Butter*
- *100 g Frühstücksspeck in Scheiben*
- *1 Zwiebel*
- *100 g TK-Erbsen*
- *100 g TK-Pariser Karotten*
- *1 Tasse Gemüsebrühe*
- *Salz, Pfeffer*
- *1 Prise Muskat*
- *1 Prise Zucker*
- *300 g Crevetten*
- *1 Tasse Kirschtomaten*
- *8 Eier*
- *1 Bund Schnittlauch*

Eier-Flips

Das Rezept dazu auf Seite 105

Drinks & Süßspeisen

Schokoladentorte „Apfelsine“

Für den Teig:
150 g Butter oder Margarine
150 g Puderzucker
6 Eigelb
150 g Halbbitter-Kuvertüre
150 g gemahlene Mandeln
1 Prise Salz
6 Eiweiß
2 EL Kakao
150 g Mehl
2 gestr. TL Backpulver
Für die Füllung:
150 g Halbbitter-Kuvertüre
400 ml Sahne
1/8 l frisch gepreßter Orangensaft
1/2 Glas Orangen-Konfitüre
Für die Garnitur:
1 Päckchen Schokoladenstreusel
1 Beutel gehackte Pistazien

Butter oder Margarine mit Puderzucker und Eigelb schaumig rühren. Kuvertüre nach Packungsanleitung schmelzen und dazugeben. Mandeln, Salz, Kakao, Mehl und Backpulver unterrühren. Eiweiß zu steifem Schnee schlagen und unter den Teig heben. Den Boder einer Springform (24 cm Durchmesser) mit Backpapier auslegen, den Teig einfüllen und im vorgeheizten Backofen bei 180 Grad in 50 Minuten backen. Anschließend die Torte aus der Form lösen und auf einem Kuchengitter auskühlen lassen.
Für die Füllung die Sahne in einen kleinen Topf geben, die Kuvertüre in kleine Stücke brechen und mit der Sahne bei geringer Hitze schmelzen, bis die Kuvertüre vollständig gelöst ist. Die Schokoladensahne einige Stunden, besser über Nacht, kalt stellen. Dann die Sahne mit einem Handrührgerät cremig aufschlagen. Den Tortenboden zweimal waagerecht durchschneiden. Die untere Hälfte mit Apfelsinensaft beträufeln und mit der Schokoladensahne bestreichen. Den zweiten Tortenboden auflegen, etwas andrücken, ebenso mit Apfelsinensaft beträufeln und mit Orangenkonfitüre bestreichen. Den dritten Boden auflegen, andrücken und die Torte mit der Schokoladencreme bestreichen. Restliche Creme in einen Spritzbeutel füllen. Den Tortenrand mit Schokoladen-Streuseln bestreuen, die Tortenoberfläche mit einem Spritzmuster und gehackten Pistazien verzieren.

- 3 Eier
- 1 Päckchen Vanillezucker
- 2 EL Zucker
- 1 gestrichener TL Gelatine
- Saft von 1/2 Zitrone
- 1 Tasse Weißwein
- 250 g Kirschen
- 1 EL Zucker
- 1 Prise Zimt

Eiercreme mit Kirschen und Wein

Eier, Vanillezucker, Gelatine, Zitronensaft und Weißwein über Wasserdampf in einer Schüssel dicklich schlagen und kaltrühren. Die entsteinten Kirschen mit 1/2 Tasse Wasser einige Minuten kochen, mit Zukker süßen und kalt werden lassen. Die Eicreme und die abgetropften Kirschen abwechselnd in Gläser füllen und mit wenig Zimt bestäuben. Anstelle von Weißwein kann zur Zubereitung der Creme auch der Kirschsaft verwendet werden.

Eierwaffeln mit Sauerrahm

- 300 g festen Sauerrahm
- 125 g Zucker
- 1 TL geriebene Zitronenschale
- 1 TL geriebene Orangenschale
- 1 Päckchen Vanillezucker
- 3 Eier
- 1 Prise Salz
- 150 g Mehl
- 1/2 Päckchen Backpulver
- Butterschmalz zum Ausfetten
- 4 Portionen Vanilleeis
- 250 g gemischte Früchte
- 4 Portionen geschlagene, gesüßte Sahne
- 4 EL gehackte Pistazienkerne

Den Sauerrahm mit dem Zucker, der geriebenen Zitronen- und Orangenschale sowie dem Vanillezucker in einer Schüssel glattrühren. Die Eier und das Salz dazugeben und alles zu einem glatten Teig verrühren. Das Mehl sieben, mit dem Backpulver vermischen und unter die Sauerrahmcreme ziehen. Ein Waffeleisen mit Butterschmalz ausfetten, portionsweise den Teig daraufsetzen und zu Waffeln ausbacken. Die Waffeln mit je einer Portion Vanilleeis, den gemischten Früchten und der geschlagenen Sahne anrichten, mit gehackten Pistazien bestreuen und sofort servieren.

Böhmische Topfenpalatschinken

Für den Teig:
- 200 g Mehl
- 3 Eier
- Salz
- 1/8 l Milch
- 1/8 l Wasser

Für die Füllung:
- 250 g Topfen (Quark)
- 3 EL Zucker
- 1 TL Zitronenschalen-Aroma
- 2 EL gehackte Mandeln
- 1/8 l süße Sahne

Nach Belieben
1 Flasche Wildbeerensauce

Für den Teig alle Zutaten gut verrühren und eine Weile stehen lassen, damit das Mehl ausquellen kann. In der Zwischenzeit Topfen, Zucker und Zitronenschalen-Aroma glattrühren. Die Mandeln und die steifgeschlagene Sahne darunterheben und die Füllung kalt stellen. In einer Pfanne Fett heiß werden lassen, mit einem Schöpflöffel etwas Teig hineingeben, den Teig dünn auseinanderlaufen lassen und auf beiden Seiten goldgelb backen. Danach auf jeden Eierkuchen etwas von der Füllung geben und aufrollen. Die Palatschinken auf einer vorgewärmten Platte anrichten und über jeden Palatschinken etwas Wildbeerensauce gießen.

Karibische Schokoladen-Pavè

(für 8 Portionen)

Die Kuvertüre über einem Wasserbad schmelzen lassen. Die Butter mit dem Puderzucker cremig schlagen, die Eigelb nacheinander unterrühren, dann die geschmolzene Kuvertüre mit der Masse vermischen. Wasser und Rum in eine flache Schale geben. Ein Drittel der Löffelbiskuits kurz in die Rummischung eintauchen und auf einer länglichen Servierplatte nebeneinander auslegen. Ein Drittel der Schokoladenmischung über die Löffelbiskuits verteilen. Wieder ein Drittel der Löffelbiskuits in die Rummischung tunken und auf die erste Schicht legen. Wieder Schokoladenmischung aufstreichen und das Ganze wiederholen. Als letzte Schicht die Schokoladenmischung an den Seiten und obenauf glattstreichen. Im Kühlschrank etwa 3 Stunden lang durchkühlen und fest werden lassen. Mit Mango- und Kiwischeiben garniert servieren.

200 g Halbbitter-Kuvertüre
100 g weiche Butter
70 g Puderzucker
4 Eigelb
6 cl Rum
175 ml Wasser
150-200 g Löffelbiskuits
1 Mango
1 Kiwi

Eiercreme mit Mangofrüchten

1/2 l Milch
2 Päckchen Vanillezucker
1 Prise Salz
1 EL geriebene Zitronenschale
4 cl Eierlikör
75 g Zucker
5 Eier
100 g Mehl
50 g Butter
2 Mangofrüchte
4 cl Mangolikör
Zitronenmelisse zum Garnieren

Die Milch mit dem Vanillezucker, dem Salz und der Zitronenschale in einen Topf geben und zum Kochen bringen. Den Eierlikör mit dem Zukker in einer Schüssel verquirlen. 3 Eigelb und 2 Eier nach und nach dazugeben und das Ganze zu einem Schaum aufschlagen. Anschließend das gesiebte Mehl vorsichtig unterheben. Zum Schluß die heiße Milch und die in Flöckchen zerpflückte Butter mit dem Schneebesen einrühren. Die Creme kaltschlagen und in dekorative Gläser füllen. Die Mangofrüchte schälen, entkernen, das Fruchtfleisch mit Mangolikör aromatisieren und zur Eicreme geben. Das Dessert mit Zitronenmelisse garnieren und sofort servieren.

Eier-Flips

Grundzutaten:
Frische Eier, Eisstücke, zerstoßenes Eis, Zucker
Variante I.: Ei-Kakao-Flip
Das Eis in einen Mixbecher geben. 1 EL Kakao, 1 Eigelb, 2 EL Sahne verrühren und mit einer Prise Muskat abschmecken. Ein Eiweiß mit etwas Zucker steifschlagen und als Haube auf das Glas geben. Im Kühlschrank erkalten lassen. Dann mit einem Strohhalm servieren.
Variante II.: Sekt-Flip
Eis in einem Becher mit einem Ei, 1 TL Zucker und einem Glas Weißwein mixen. Das Ganze mit Sekt auffüllen und gut gekühl servieren.
Variante III.: Himbeer-Kirschen-Flip
Kirschsirup mit Himbeersaft, 1 EL Sahne und einem Ei verrühren. In ein Glas mit zerstoßenem Eis geben und nach Belieben mit Sodawasser oder Sekt auffüllen.

Mousse au Chocolat
(für 8 Portionen)

4 Eigelb
170 g sehr feiner Zucker
6 cl Cognac
200 g Halbbitter Kuvertüre
6 cl starker Kaffee (Mokka)
170 g weiche Butter
4 Eiweiß
1 Prise Salz
1 EL sehr feiner Zucker
1/2 l süße Sahne
einige Schokoladen-Dekor-Blätter

Die Eigelb mit dem Zucker zu einer dicken Creme schlagen, bis die Mischung hellgelb und glänzend wird. Den Cognac nach und nach unterrühren. Die Masse in einen Wasserbadtopf (Porzellan- oder Edelstahlschüssel) mit fast siedendem Wasser füllen, etwa 3-4 Minuten weiterschlagen, bis die Mischung schaumig und zu heiß für eine Fingerprobe ist. Die Creme sollte die Konsistenz von Mayonnaise haben. Dann abkühlen lassen.In einem anderen Topf, ebenfalls über heißem Wasser, die Schokolade mit dem Kaffee zerschmelzen und in einem Topf mit kaltem Wasser unter Rühren etwas abkühlen lassen. Die Butter stückchenweise unter die Schokoladencreme und diese dann unter die Eiercreme rühren. Das Eiweiß mit der Prise Salz steifschlagen, den Zukker einrieseln lassen und fertig schlagen. Ein Viertel der Eischneemasse unter die Schokoladenmasse rühren, den Rest unterheben. In eine Glasschüssel füllen und im Kühlschrank mindestens 2 Stunden durchkühlen lassen. Vor dem Servieren mit geschlagener Sahne und Schokoladen-Dekor-Blättern garnieren.

Eierkrapfen mit Zuckerglasur

1/4 l Wasser
50 g Butter
je 1 TL geriebene Zitronen- und Orangenschale
1 Prise Salz
150 g Mehl
30 g Speisestärke
1 Päckchen Vanillezucker
30 g Zucker
4 Eier
1 Tasse Rumrosinen
1 TL Backpulver
Fett zum Ausbacken
200 g Puderzucker
2 EL Orangenlikör
2 EL Orangensaft
1 Tasse Mandelsplitter

Das Wasser, die Butter, die Zitronen- und Orangenschale sowie das Salz in einem Topf zum Kochen bringen. Das gesiebte Mehl mit der Speisestärke vermischen, in die Flüssigkeit geben und mit dem Kochlöffel unterrühren. So lange rühren, bis sich der Teig vom Topfboden löst. Den Teig mit Vanillezucker und Zukker süßen. Leicht erkalten lassen und nach und nach die Eier unterschlagen. Die Rumrosinen und das Backpulver untermischen. Mit einem Teelöffel Klößchen abstechen und diese im schwimmenden Fett ausbacken. Den Puderzucker mit Orangenlikör und dem Orangensaft glattrühren, die Eierkrapfen anrichten, mit der Glasur überziehen, mit Mandelsplitter bestreut servieren.

Eggnog „Jingle Bell"

(für 8 Portionen)

6 Eigelb
200 g Puderzucker
1/4 l Bourbon Whisky
1 Päckchen Vanillezucker
1 l Milch (3,5 % Fett)
1 Becher Sahne (200 ml)
1 1/4 TL Muskat
6 Eiweiß

Die Eigelb mit dem Puderzucker schlagen, bis die Masse dick und hellgelb ist. Den Bourbon langsam nach und nach in die Eiermasse schlagen. Dann abdecken und kaltstellen. Kurz vor dem Servieren die kalte Milch und die Sahne unterrühren, mit 1 Teelöffel Muskat würzen. Eiweiß steifschlagen, 2/3 davon unterziehen, den Rest obenauf geben und mit Muskat bestäubt servieren.
Tip: Die Bourbon-Menge kann man nach Belieben verändern.

Flambierter Grießpudding

3/8 l Milch
Salz
125 g Grieß
100 g Butter
4 EL Zucker (40 g)
1 Päckchen Vanillezucker
3 Eier
1 Päckchen Vanille-Puddingpulver
3 EL kalte Milch
1 gestr. TL Backpulver
1 gestr. TL gemahlener Zimt
50 g Rosinen
25 g gehackte Mandeln
Butter und Reibbrot für die Form
3-5 EL Rum (54 %) zum Flambieren
75 g Butter zum Begießen
Zimt-Zucker zum Bestreuen

Die Milch mit etwas Salz zum Kochen bringen. Den Grieß unter Rühren hineingeben und bei schwacher Hitze in etwa 6-8 Minuten ausquellen lassen. Die Butter cremig rühren, nach und nach den Zucker, Vanillezucker, die Eier und den warmen Grießbrei sowie das mit kalter Milch angerührte Puddingpulver und Backpulver hinzufügen. Zimt, Rosinen und Mandeln zum Schluß unter die Masse heben. Eine Puddingform sorgfältig mit Butter fetten, mit Reibbrot ausstreuen, die vorbereitete Masse einfüllen und glattstreichen. Die Form mit dem Deckel verschließen, in einen Topf mit kochendem Wasser setzen, den Topf ebenfalls zudecken und den Pudding in 1 1/4 Stunden garen. Den fertigen Pudding mit einem Messer vom Rand lösen und auf eine Platte stürzen. Den Rum in einer Kelle leicht erwärmen, anzünden und über den Pudding gießen. Die Butter bräunen, gleichmäßig darüber verteilen und mit Zimt-Zucker bestreuen.
Dazu paßt: Pflaumenkompott.

Eierkuchen mit Schokoglasur

300 g Butter
275 g Zucker
1 Päckchen Vanillezucker
1 Prise Salz
einige Tropfen Rumaroma
1 EL geriebene Zitronenschale
1 TL geriebene Orangenschale
5 Eier
375 g Mehl
1 Päckchen Backpulver
Butter zum Ausfetten
Semmelbrösel zum Bestreuen
1 Becher Schokoladenglasur
Zuckerblüten
Zuckerblätter

Die Butter in eine Schüssel geben und schaumig schlagen. Den Zukker, den Vanillezucker, das Salz, das Rumaroma, die Zitronenschale und die Orangenschale dazugeben und solange rühren, bis sich der Zucker vollständig aufgelöst hat. Die Eier nach und nach darunterschlagen, das Mehl mit dem Backpulver sieben und unter den Teig mischen. Eine Gugelhupfform ausfetten und mit Semmelbrösel bestreuen. Den Teig einfüllen und im auf 180 Grad vorgeheizten Backofen 20-25 Minuten backen. Den Kuchen herausnehmen, aus der Form stürzen und erkalten lassen. Die Schokoladenglasur nach Anweisung zubereiten und den Kuchen damit überziehen. Die Glasur antrocknen lassen, mit Zukkerblumen und Blättern garnieren und servieren.

Grüner Marmorkuchen

(für zwei kleine Napfkuchen)

Die Butter mit dem Handrührgerät schaumig schlagen. Nach und nach Zucker, Vanillezucker, Eier, Zitronenschalen-Aroma und Salz zufügen. Das Mehl mit dem Backpulver mischen und mit der Milch dazugeben, dabei ständig weiterrühren. Die Pistazien in der Getreidemühle der Küchenmaschine fein mahlen und unter die Hälfte des Teiges mischen. Zwei kleine Napfkuchenformen einfetten. Die Hälfte des hellen Teiges in die beiden Formen füllen, dann mit dem grünen Teig und wieder mit dem hellen Teig bedecken. Die Kuchen im auf 180 Grad vorgeheizten Backofen ca. 1 Stunde backen, danach aus der Form stürzen, ganz auskühlen lassen und mit Puderzucker bestäuben.

Der Tip

Eierkuchen werden besonders locker, wenn man das Eigelb zuerst mit etwas Wasser übergießt und es dann so lange quirlt, bis es schaumig geworden ist. Erst dann kommen die übrigen Zutaten mit ein wenig Backpulver und zuletzt der Eischnee hinzu.

- *250 g Butter*
- *200 g Zucker*
- *1 Päckchen Vanillezucker*
- *4 Eier*
- *1 TL Zitronenschalen-Aroma*
- *1 Prise Salz*
- *400 g Mehl*
- *1 Päckchen Backpulver*
- *1/8 l Milch*
- *100 g gehackte Pistazien*
- *Puderzucker*

Schaumomelett „Nelson“

5 Kiwis
5 frische Datteln
2 EL Maraschino
2 EL frischgepreßter Orangensaft
1 EL Zucker
1/2 Päckchen Vanillezucker
12 Löffel-Biskuits
3 Eier
100 g Puderzucker

Die Kiwis schälen, längs halbieren und quer in Scheiben schneiden (einige zum Garnieren beiseite legen). Die Datteln längs halbieren, entkernen und häuten. Über beides Maraschino und Orangensaft träufeln, Zucker und Vanillezucker unterheben und zum Durchziehen in den Kühlschrank stellen. Eine flache feuerfeste Form mit Löffel-Biskuits auslegen. Die Eier trennen, Eiweiß zu sehr steifem Schnee schlagen, zunächst den Puderzucker, dann die Eigelb unterheben. Die Fruchtmischung samt Flüssigkeit auf den Löffel-Biskuits verteilen. Die Schaummasse darüberfüllen und im vorgeheizten Backofen bei 200 Grad C 12-15 Minuten backen. Schaumomelett aus dem Backofen nehmen, mit ein paar Kiwischeiben garnieren und sofort servieren.

Herrentorte mit Amaretto und Espresso

Für den Teig:
- 6 Eier
- 150 g Zucker
- 1 Päckchen Vanillezucker
- 50 g gemahlene Haselnüsse
- 100 g Mehl
- 1 TL Backpulver
- 25 g Speisestärke
- 1 EL Instant Espresso

Für die Füllung:
- 2 Eigelb
- 60 g Speisestärke
- ca. 1/2 l Milch
- 200 g Butter
- 60 g Puderzucker
- 2 EL Amaretto

Zum Garnieren:
- 3 EL Aprikosenmarmelade
- 1 Päckchen Marzipan Rohmasse
- 6 EL Puderzucker
- 150 g Vollmilch Kuvertüre
- Schokoladen-Dekor-Streusel
- Dekor-Schoko-Borke
- Schokoladen-Herzen

Für den Teig die Eier trennen, das Eiweiß mit dem Zucker und dem Vanillezucker in der Küchenmaschine zu sehr steifem Schnee schlagen. Die Hälfte des Eischnees in eine zweite Schüssel füllen. 3 Eigelb verquirlen, die Haselnüsse, die Hälfte des Mehls und die Hälfte des Backpulvers zufügen und untermischen. Diese Masse mit dem Schneebesen rasch und leicht unter den Eischnee heben. Eine Springform einfetten, den Teig hineingeben und im auf 180 Grad vorgeheizten Backofen 35-40 Minuten backen. Aus dem Ofen nehmen und auskühlen lassen.

Das restliche Eigelb mit dem übrigen Mehl, der Speisestärke, dem übrigen Backpulver und dem Instant-Espresso mischen und unter den verbliebenen Eischnee heben. Ebenfalls in eine gefettete Springform füllen und im vorgeheizten Backofen 35 Minuten backen. Aus dem Ofen nehmen und auskühlen lassen.Für die Füllung das Eigelb mit Speisestärke und etwas Milch in einem Topf verquirlen. Die restliche Milch dazugießen und bei mittlerer Hitze langsam einmal aufkochen lassen, dabei ständig schlagen. Den Topf vom Herd nehmen, einmal durchrühren, dann erkalten lassen. Die Butter mit dem Puderzucker mit dem Rührbesen der Küchenmaschine schaumig rühren, dabei die Puddingmasse und den Amaretto eßlöffelweise zufügen.

Die erkalteten Tortenböden einmal quer durchschneiden. Drei Böden mit der Creme bestreichen und übereinandersetzen. Die Aprikosenmarmelade erhitzen und die Torte damit bestreichen. Die Marzipan Rohmasse mit dem Puderzucker kräftig verkneten, dann messerrückendick ausrollen. Einen Deckel und einen Rand für die Torte ausschneiden und die Torte damit überziehen. Die Vollmilch-Kuvertüre schmelzen und über die Torte geben. Die Dekorstreusel auf dem Tortenrand verteilen und die Torte mit Schoko-Borke und Schokoladen-Herzen dekorativ verzieren.

Tiramisu

- 3 Eigelb
- 40 g Zucker
- 300 g Mascarpone
- 3 Eiweiß
- 20 g Zucker
- 1 cl brauner Rum
- 1 Packung Löffelbiskuits (16 Stück)
- 1/2 Tasse kalter starker Kaffee
- 1 cl Kaffeelikör
- Kakaopulver

Eigelb mit dem Zucker cremig rühren, dann den Mascarpone eßlöffelweise unter die Eigelbcreme rühren. Eiweiß steifschlagen, den Zukker einrieseln lassen und fertig schlagen, unter die Creme ziehen und den Rum dazugeben. Die Löffelbiskuits mit Kaffee und Likör tränken oder mit einem Küchenpinsel auftragen. Eine Form von 1 Liter Inhalt zuerst mit der Hälfte der getränkten Löffelbiskuits auslegen, die Hälfte der Creme sorgfältig darauf verstreichen. Die restlichen Biskuits darauf verteilen und mit der restlichen Creme zustreichen. Mit einer Gabel oder einem gezackten Teigschaber ein Muster auf der Oberfläche anbringen und mit Kakao besieben. Mindestens 2-3 Stunden in den Kühlschrank stellen.

Schokoladen-Minz-Creme

- 150 g Mokka-Schokolade
- 1 Becher Schlagsahne (250 g)
- 1 Päckchen Vanillezucker
- 3 Eier
- 2 EL Pfefferminzlikör
- 2 Pfirsichhälften (Dose)
- 8 Kirschen (Dose)
- Minzblättchen

Die Schokolade in kleine Stücke brechen, mit der Schlagsahne und dem Vanillezucker in einen Topf geben und bei kleiner Hitze unter Rühren darin auflösen. Die Eier trennen. Eigelb und Likör unter die Schokolade heben. Eiweiß steifschlagen und locker unterziehen. Die Creme in hochstielige Gläser füllen und darin auskühlen lassen. Vor dem Servieren mit Pfirsichen, Kirschen und Minze garnieren.

Für den Teig:
6 Eigelb
3 EL warmes Wasser
150 g Zucker
2 Päckchen Vanillezucker
1 Msp. Zimt
abger. Schale von 1 Zitrone
6 Eiweiß
100 g Mehl
20 g Kakao
50 g Speisestärke
1 TL Backpulver
Für die Füllung:
2 Eigelb
4 EL Zucker
500 g Magerquark
1 Becher Joghurt (3,5 % Fett)
2 cl Rum
6 Blatt weiße Gelatine
2 Eiweiß
450 g geschälte, gedünstete Birnen (frisch oder aus der Dose)
Zum Garnieren:
1 Tube Schokoladen-Glasur
0,25 l Sahne
1 Päckchen Sahnesteif
2 TL Kakao
Marzipan Rohmasse
Nelken für die Birnchen
Schokoladen-Dekor-Blätter

Schokoladentorte mit Birnenquark

Für den Teig das Eigelb mit dem Wasser schaumig schlagen. Zwei Drittel des Zuckers, Vanillezucker, Zimt und Zitronenschale zufügen. Das Eiweiß steifschlagen, den restlichen Zucker dazurieseln lassen. Mehl, Kakao, Speisestärke und Backpulver mischen, dazusieben und alles locker und gleichmäßig mit einem Schneebesen unter die Eigelb-Creme heben. Eine Springform (26 cm Durchmesser) einfetten, mit dem Teig füllen und im auf 200 Grad vorgeheizten Backofen auf der mittleren Schiene 40 Minuten backen. Herausnehmen und auf einem Gitter auskühlen lassen.

Für die Füllung Eigelb und Zucker mit dem Schlagbesen der Küchenmaschine schlagen, dabei den Quark und Joghurt eßlöffelweise zufügen und den Rum untermischen. Die aufgelöste Gelatine in die Quarkmasse rühren, dann das Ganze kalt stellen. Den Biskuit-Teig zweimal quer durchschneiden. Das steifgeschlagene Eiweiß und die kleingewürfelten Birnen unter die Quarkmasse mischen. Die Teigplatten mit der Füllung bestreichen und aufeinandersetzen. Für etwa 2 Stunden in den Kühlschrank stellen.

Die Tortenoberfläche mit der Schokoladen-Glasur überziehen. Die Sahne mit Sahnesteif schlagen, den Tortenrand mit ca. 2/3 der Sahne umgeben. Vom Rest der Sahne 3 Eßlöffel abnehmen, den Rest mit Kakao mischen und mit einer feinen Spritztülle auf der Tortenkante einen Rand spritzen. Die zurückbehaltene Sahne als Innenrand auf die Torte geben. Aus Marzipan Rohmasse 8 kleine Birnchen formen, je eine Nelke als Stiel und Blütenansatz hineindrücken. Die Birnchen abwechselnd mit den Schokoladen-Dekor-Blättern als Rand auf die Torte setzen.

Creme au caramel

Für die Karamelschicht den Zucker in einer kleinen Kasserolle schmelzen. Bei guter Hitze nur leicht rühren, bis er am Rand beginnt, flüssig zu werden. Dann kräftig rühren, bis sich der Zucker vollständig aufgelöst hat (er soll hellbraun sein). Jetzt das Wasser auf einmal dazuschütten. Der Karamel erstarrt dadurch zu kleinen Klümpchen und muß nun so lange weitergekocht werden, bis er sich wieder gelöst hat. Die Förmchen oder Tassen am Boden ganz leicht mit Öl bepinseln und dann jeweils eine etwa 1/2 cm dicke Karamelschicht hineingießen. Ein verbleibender Rest kann mit Wasser wieder aufgekocht und kalt als Karamelsauce zu den Desserts serviert werden. Die Milch mit der längs aufgeschnittenen Vanilleschote aufkochen. In einer Schüssel die Eier und die Eigelb mit dem Zucker verrühren. Die heiße Milch nach und nach mit dem Schneebesen unterrühren. Die Creme durch ein sehr feines Sieb gießen, damit kleine Klümpchen von geronnenem Eiweiß ausgefiltert werden. Die Eiercreme in die mit Karamel ausgegossenen Förmchen füllen, dann vorsichtig in einen entsprechend großen Topf mit heißem Wasser setzen und in den auf etwa 180 Grad vorgeheizten Backofen schieben. Die Garzeit beträgt etwa 20 Minuten, bis die Creme vollständig gestockt ist. Dabei muß man darauf achten, daß das Wasserbad keinesfalls zum Kochen kommt. Die Förmchen in den Kühlschrank stellen und die Karamelcreme vollständig erkalten lassen. Die Creme mit einem spitzen Messer am Rand vorsichtig lösen, dann auf vorbereitete Teller stürzen.

Für den Karamel:
100 g Zucker
2 cl Wasser
Für die Creme:
1/2 l Milch
1/2 Vanilleschote
3 Eier
2 Eigelb
90 g Zucker

Orangen-Power

- 1/4 l Vollmilch
- 4 Eier
- 1 Päckchen Vanillezucker
- 4 Kugeln Vanilleeis
- 6 cl Orangenlikör
- Zucker nach Geschmack
- 1/2 Becher Sahne
- 2 Kiwis
- einige Cocktailkirschen
- einige Zweige Zitronenmelisse

Die Vollmilch mit den Eiern, dem Vanillezucker und dem Vanilleeis in einen Mixer geben und alles kräftig mixen. Den Orangenlikör unterziehen und je nach Geschmack süßen. Die Sahne steifschlagen, vorsichtig unter die Flüssigkeit ziehen und in vorbereitete Gläser füllen. Die Kiwi schälen, in Stücke schneiden und mit den Cocktailkirschen auf Cocktailspieße stecken. In die Gläser geben, mit Zitronenmelisse garnieren und servieren.

Russische Creme

Die Eigelb zu einer dicken hellen Creme schlagen, den Zucker zufügen und weiter schlagen, bis die Creme fast weiß wird. Den Frischkäse mit der Milch verrühren und unter die Creme ziehen. Die Gelatine im Rum 5 Minuten einweichen. Die Eiercreme in einem Wasserbadtopf über kochendem Wasser unter Zugabe der Rum-Gelatinemasse so lange schlagen, bis sie dick wird, danach zum Abkühlen in kaltes Wasser stellen. Rum-Rosinen und kandierte Früchte unterrühren. Die Sahne steifschlagen, mit Zucker sü-

- 4 Eigelb
- 75 g Zucker
- 100 g Doppelrahm-Frischkäse
- 1/8 l Milch
- 1 Vanilleschote oder 1 EL Vanilleextrakt
- 1/4 l süße Sahne
- 1 EL Zucker
- 2 gehäufte EL Rum-Rosinen
- 50 g kandierte Früchte (Kirschen, Ananas etc.)
- 2 cl Rum
- 3 Blätter Gelatine
- etwas Mandelöl (Apotheke)

ßen und unter die Eiercreme ziehen. In mehrere kleinere Puddingformen, die zuvor mit Mandelöl ausgestichen wurden, füllen. Im Kühlschrank mehrere Stunden, am besten über Nacht vollständig fest werden lassen. Zum Servieren die Förmchen mit einem feuchtheißem Küchentuch umwickeln und stürzen.

Fitneß-Cocktail

1/4 l Tomatensaft
1 Becher Joghurt
4 Eier
Salz
Pfeffer
1 Prise Cayennepfeffer
1 EL gehackte Petersilie
2 EL feingeschnittenen Schnittlauch
2 EL gehackte Zitronenmelisse
1/2 Flasche Heilwasser
Kräuterzweige zum Garnieren

Den Tomatensaft, den Joghurt und die Eier in einen Mixer geben und kräftig mixen. Mit Salz, Pfeffer und Cayennepfeffer gut abschmecken. Die Kräuter unterziehen und auf 4 Gläser verteilen. Mit Heilwasser auffüllen, mit Kräuterzweigen garnieren und servieren.

Wake me up

- 1/4 l Sangrita pikante
- 1 Tasse Rotwein
- Saft von 1 Zitrone
- Saft von 1 Orange
- Salz
- Pfeffer aus der Mühle
- 1 Prise Zucker
- 4 EL Crème fraiche
- 4 Eier
- 1 Kästchen Kresse
- Kräuterzweige zum Garnieren

Den Sangrita pikante mit dem Rotwein, dem Zitronen- und Orangensaft in einen Mixer geben. Mit Salz, Pfeffer und Zucker kräftig würzen, die Crème fraiche und die Eier dazugeben und alles gut durchmixen. Nochmals abschmecken, die grobgehackte Kresse unterziehen, in Gläser füllen und mit Kräuterzweigen garniert servieren.

Eggnog

(für 1 Person)

- 1 Eigelb
- 2 cl weißer Rum
- 2 cl Cointreau
- 6 cl Sahne
- Cidre
- Muskat

Das Eigelb mit dem Rum, Cointreau und der Sahne in einer kleinen Schüssel oder im Mixer sehr gut durchmixen. In ein Glas geben, mit Cidre auffüllen, nochmals durchrühren und mit Muskat bestäubt servieren.

Marzipantorte

Für den Teig:
- *5 Eier*
- *150 g Zucker*
- *2 Beutel Rum-back*
- *3 EL Wasser*
- *125 g Mehl*
- *75 g Buchweizenmehl*
- *1 TL Backpulver*

Für die Füllung:
- *250 g Mascarpone*
- *10 g Zitronenschalen-Aroma*
- *2 Eigelb*
- *400 g Schlagsahne*
- *2 EL Kakao*
- *4 EL Aprikosen-Konfitüre*

Dekor:
- *300 g Marzipan Rohmasse*
- *150 g Puderzucker*
- *einige Tropfen gelbe Back- und Speisefarbe*
- *50 g Halbbitter-Kuvertüre*
- *Zuckerblümchen*

Eine Springform (24 cm Durchmesser) mit Backtrennpapier auslegen. Für den Teig die Eier trennen. Die Eigelb mit Zucker, Rum und Wasser schaumig, das Eiweiß schnittfest schlagen. Mehl, Buchweizenmehl und Backpulver mischen. Das Eiweiß auf die Eigelbcreme geben, die Mehlmischung darüber sieben und mit einem Schneebesen locker unterziehen. Die Masse in die Form füllen, die Oberfläche glätten und bei 190 Grad im vorgeheizten Ofen ca. 35 Minuten backen. Danach aus der Form nehmen, auskühlen lassen und den Boden einmal quer durchschneiden. Die Marzipan Rohmasse mit Puderzucker und der Speisefarbe zu einer glatten Masse kneten, anschließend ruhen lassen. Für die Füllung Mascarpone mit Zitronenschalen-Aroma und Eigelb cremig, die Schlagsahne schnittfest schlagen. Beides vorsichtig mischen. Den unteren Boden mit glattgerührter Konfitüre und 2/3 der Creme bestreichen und mit Kakao bestäuben. Den zweiten Boden darauflegen, ebenfalls mit Konfitüre und der restlichen Creme bestreichen. Marzipan zwischen Folie 1/2 cm dick ausrollen, Rand und Deckel nach Maß ausschneiden und die Torte damit verkleiden. Aus dem restlichen Marzipan Kordel und Blättchen formen, von der Unterseite leicht anfeuchten und andrücken. Zum Verzieren die Kuvertüre schmelzen, abkühlen lassen, in eine Pergamenttüte mit kleiner Spitzöffnung füllen und auf die gefettete Seite von Backtrennpapier Äste spritzen.
Nach dem Erkalten auf die Torte legen, mit Zuckerblümchen und kleinen Marzipanblättchen garnieren und leicht mit Puderzucker bestäuben.

Weiße Schokoladencreme

Die Gelatine in kaltem Wasser einweichen. Die Milch und die zerbröckelte Schokolade in einen Topf geben und so lange erwärmen, bis die Schokolade vollständig zerschmolzen ist, auf keinen Fall kochen lassen. Die Gelatine gut ausdrücken, zugeben und unter ständigem Rühren in der Schokoladenmilch auflösen. Dann erkalten lassen. Die Eigelb mit dem Zucker schaumig rühren, der Zucker sollte sich ganz aufgelöst haben. Danach die abgekühlte Schokoladenmilch, die Haselnüsse und Vanillemark nach und nach unterrühren. Nochmals erkalten lassen. Sowie die Creme anfängt dickflüssig zu werden, Eiweiß und Sahne separat steifschlagen und nacheinander unter die Creme ziehen. In Glasschälchen anrichten, mit einigen Sahnetupfern und einer weißen Praline garnieren und mit den Pistazien bestreuen.

- *3 Blatt weiße Gelatine*
- *1/4 l Milch (oder 1/8 l Milch und 1/8 l Sahne)*
- *100 g weiße Schokolade*
- *3 Eigelb*
- *3 EL Zucker*
- *60 g geriebene geröstete Haselnüsse*
- *ausgekratztes Mark von 1 Vanilleschote*
- *3 Eiweiß*
- *1/8 – 1/4 l Sahne*

Für die Garnierung:
- *1/8 l Schlagsahne*
- *einige weiße Pralinen*
- *1 EL gehackte Pistazien*

Kirschen-Mix

(für je 2 Personen)

3 Likörgläschen Eierlikör, 10 bis 15 entkernte Kirschen und – je nach Geschmack - 1/4 l Milch, im Mixer pürieren. Auf 2 Gläser verteilen und servieren.

Eiergrog

4 EL Eierlikör im heißen Wasserbad dick schlagen, dazu 4 EL Rum und nach und nach 1/4 l Weißwein hineingießen, gut verrühren, in Gläser füllen und servieren.

Schlummertrunk

4 EL Eierlikör im Wasserbad schlagen, bis er anfängt, dicklich zu werden, dann 1/4 l Rotwein langsam dazuschlagen. Wenn alles heiß ist, in Gläser einschenken. Anstelle von Rotwein kann auch Weißwein verwendet werden.

Der Tip

Eigelb zum Bepinseln läßt sich besser auftragen, wenn man es mit etwas Wasser verquirlt. Eigelb zum Bestreichen von Kuchen erhält eine intensivere Farbe, wenn man dem Eigelb eine Prise Salz oder Zucker zugibt.

Diplomatenauflauf mit Schokoladensauce

- 200 g Zwieback
- 50 g Sultaninen
- 50 g gehacktes Orangeat
- 75 g gehobelte Haselnüsse
- 1 Beutel Citro-back
- 4 Eier
- 75 g Zucker
- 1 Prise Zimt
- 1 Prise Muskatblüte
- 3/8 l Sahne oder Milch
- 1 Prise Salz
- Butterflöckchen
- fertige Schokoladensauce
- 1 Schuß Rum

Den Zwieback zerkleinern, Sultaninen, Orangeat, Nüsse und Citroback hinzufügen, alles gut vermischen und in eine ausgebutterte Auflaufform füllen. Eier, Zucker und Gewürze verschlagen, Sahne und Salz dazugeben, dann über das Zwiebackgemisch gießen. Den Auflauf mit Butterflöckchen belegen, in den vorgeheizten Backofen stellen und bei guter Mittelhitze (200 – 225 Grad) etwa 35-40 Minuten goldbraun backen. Nach Belieben die Schokoladensauce mit Rum abschmecken. Den Auflauf warm mit Schokoladensauce servieren.

Marzipan-Mandel-Kuchen

Die Margarine mit dem Zucker schaumig rühren, nach und nach die Eigelb unterschlagen. Backpulver, Salz, Stärke und Mandeln mischen und unter den Teig ziehen, danach das steifgeschlagene Eiweiß vorsichtig unterheben. Aus der Marzipan Rohmasse 2 Rollen formen. Eine Kastenform dick mit Fett bestreichen und mit 70 g Mandeln ausstreuen. Den Teig mit den Marzipan-Rollen in die Form schichten, die restlichen Mandeln daraufstreuen. Im vorgeheizten Backofen bei 200 Grad ca. 60 Minuten backen.

Für den Teig:
- 175 g Margarine
- 150 g Zucker
- 4 Eigelb
- 1 TL Backpulver
- 1 Prise Salz
- 200 g Speisestärke
- 100 g gemahlene Mandeln
- 4 Eiweiß
- 200 g Marzipan Rohmasse

Für die Form:
- 40 g Margarine
- 100 g gehobelte Mandeln

Eierschaum-Omelette

Für das Omelette:
- *6 Eigelb*
- *60 g Zucker*
- *1 TL geriebene Zitronenschale*
- *1 Päckchen Vanillezucker*
- *6 Eiweiß*
- *1 EL Speisestärke*
- *1 Prise Salz*
- *80 g Butter oder Margarine*

Für die Füllung:
- *250 g frische Früchte*
- *250 g Sahnequark*
- *1 Päckchen Vanillezucker*
- *einige Tropfen Rumaroma oder Orangenlikör*
- *Saft von 1/2 Zitrone*
- *2 Tassen geschlagene Sahne*

Zum Garnieren:
- *frische Früchte*
- *1-2 Zweige Zitronenmelisse*

Das Eigelb mit dem Zucker, der Zitronenschale und dem Vanillezukker in eine Schüssel geben und schaumig schlagen. Das Eiweiß sehr steifschlagen und auf den Eigelbschaum setzen. Die Speisestärke darüber sieben und mit einer Prise Salz bestreuen. Mit einem Kochlöffel vorsichtig das Eiweiß unter das Eigelb heben. Butter oder Margarine in einer Pfanne auslassen und die Eimasse portionsweise in die Pfanne geben. Die Masse zu einem Omelette ausbacken, herausnehmen und bereitstellen. Die restliche Masse wie beschrieben ausbacken. Für die Füllung die Früchte entsprechend putzen, kleinschneiden und im Mixer oder mit dem Pürierstab pürieren. Das Fruchtgelee mit dem Sahnequark glattrühren. Das Ganze mit Vanillezucker, Rumaroma oder Orangenlikör und Zitronensaft aromatisieren. Die geschlagene Sahne unterheben und je nach Geschmack mit Zucker süßen. Die Omelette mit der Masse füllen, anrichten, mit frischen Früchten und Zitronenmelisse garnieren und servieren.

Zitronenroulade

Für die Biskuitmasse:
- *4 Eiweiß*
- *4 EL kaltes Wasser*
- *160 g Zucker*
- *1 Beutel Citro-back*
- *4 Eigelb*
- *80 g Mondamin*
- *80 g Mehl*
- *1 gestr. TL Backpulver*

Für die Füllung:
- *6 Blatt weiße Gelatine*
- *1/8 l Wasser*
- *1/8 l Zitronensaft*
- *1 Beutel Citro-back*
- *125 g Zucker*
- *1/4 l süße Sahne*

Eiweiß und Wasser in einer Schüssel mit einem Handrührgerät auf der höchsten Stufe sehr steif schlagen. Zucker und Citro-back unter Schlagen einrieseln lassen. Das Gerät auf die niedrige Stufe umschalten, Eigelb leicht unter die Eiweißmasse ziehen und zuletzt das Gemisch aus Mondamin, Mehl und Backpulver darunterheben. Die Biskuitmasse auf einem mit gefettetem Pergamentpapier ausgelegten Backblech gleichmäßig verstreichen und im vorgeheizten Backofen bei 200-225 Grad 12-15 Minuten backen. Nach dem Backen die Biskuitplatte auf ein Tuch stürzen und das Papier abziehen. Die Ränder der Platte etwas flachdrücken. Für die Füllung Gelatine in kaltem Wasser einweichen. Wasser aufkochen, den Topf von der Kochstelle nehmen, die ausgedrückte Gelatine dazugeben und unter Rühren auflösen. Aufgelöste Gelatine, Zitronensaft, Citro-back und Zucker gut verrühren und kaltstellen, bis die Masse anfängt, fest zu werden. Danach die steifgeschlagene Sahne unter die Zitronenmasse ziehen und nochmals kaltstellen. Die Füllung auf die Biskuitplatte streichen, die Platte mit Hilfe des Tuches aufrollen und mit Puderzucker bestäuben.

Eierlikör

- *1 große Dose Kondensmilch (7,5 %)*
- *5 Eigelb*
- *1 EL Vanillezucker*
- *125 g Puderzucker*
- *1/8 l reiner Alkohol*

Milch, Eidotter und Zucker 30 Minuten mit dem Schneebesen schlagen oder 10 Minuten im Mixer verquirlen. Unter ständigem Rühren den Alkohol zugeben. In Flaschen füllen, verschließen und einige Tage stehen lassen. Vor Gebrauch schütteln.

Büsumer Eierpunsch

- *8 Eigelb*
- *3 EL Zucker*
- *1/4 l heißes Wasser*
- *1 Prise gemahlener Ingwer*
- *1 Prise Nelkenpulver*
- *1 Msp. getrocknete Zitronenschale*
- *1/4 l Rum (40 %)*

Das Eigelb mit dem Zucker in einen Topf geben und schaumig schlagen. Das heiße, nicht mehr kochende Wasser unter ständigem Rühren hinzugeben, mit den Gewürzen abschmecken und den vorgewärmten Rum zufügen. Das heiße, schaumige Getränk in vorgewärmte Punschgläser füllen.

Tip: Das übriggebliebene Eiweiß für Baiser verwenden oder in der mit heißer Butter versehenen Pfanne stocken lassen. Herausnehmen und in feine Streifen schneiden. Diese Eiweißstreifen kann man grünem Salat beimischen.

8 Zwieback
1/4 l Birnensaft
1 kg saftige aromatische Birnen
125 g Butter
100 g Zucker
1 Päckchen Vanillezucker
abgeriebene Schale und Saft von 1/2 Zitrone
1/4 l Sahne
4 Eigelb
4 Eiweiß

Birnen auf Zwieback überbacken

Den Zwieback im Birnensaft etwa 2-3 Minuten ziehen lassen. Die Birnen schälen, achteln und das Kerngehäuse ausschneiden. Die Butter in einem breiten Topf zerlassen, Zukker, Vanillezucker, Zitronenschale und -saft sowie den restlichen Birnensaft zugeben. Den Zucker unter Rühren auflösen, dann die Birnenachtel einlegen. Bei schwacher Hitze leicht dünsten, die Birnen dürfen nicht zerfallen, evtl. einmal umdrehen. Die Sahne mit dem Eigelb verquirlen. Eiweiß zu steifem Schnee schlagen und locker unter die Sahne-Eigelbmasse ziehen. Eine Ofenform mit etwas Butter ausstreichen. Den Zwieback auf den Boden legen, die Birnenachtel auf dem Zwieback verteilen und darauf die Eier-Sahnecreme geben. Im vorgeheizten Backofen auf der mittleren Einschubleiste bei 180 Grad in etwa 30-40 Minuten goldgelb überbacken. Mit Puderzucker besieben und lauwarm mit Vanilleeiscreme servieren.

Mandelschmarren nach Wiener Art

3 Eigelb
Salz
3 EL Zucker
3 EL gehackte Mandeln
125 g Mehl
1/8 l saure Sahne
5 EL Margarine
3 Eiweiß
Puderzucker

Eigelb, Salz, Zucker und Mandeln verrühren. Abwechselnd Mehl, saure Sahne und flüssige Margarine hinzufügen und zuletzt den steifgeschlagenen Eischnee unterheben. In einer großen Pfanne Fett heiß werden lassen, den Teig hineingeben und von der Unterseite goldgelb backen. Danach nochmals Fett in die Pfanne geben, den auf der Unterseite gebackenen Schmarren mit zwei Gabeln in Stücke zerreißen und unter Wenden von allen Seiten goldbraun backen. Den Schmarren auf einer vorgewärmten Platte bergartig anrichten, mit Puderzucker dünn bestäuben und servieren.

Das „Kraftpaket“ Ei ist das ideale Nahrungsmittel für einen gesunden Start in den Tag

7-Tage-Eier-Diät

Das wertvolle „Kraftpaket"

Frische Eier gehören zu den wertvollsten Nahrungsmitteln in der Ernährung. In seiner Nährstoffdichte ist das Ei sogar optimal, es verfügt über die höchste biologische Wertigkeit. Kein Wunder, daß das Ei so hoch gelobt wird, ist es doch ein wahres Wunderwerk. Es deckt einen großen Teil des menschlichen Bedarfs an Vitaminen und Proteinen. Die Proteine sind deshalb so wertvoll, weil sie alle acht essentiellen Aminosäuren enthalten und daher fast vollständig in körpereigenes Eiweiß umgebaut werden können. Das bedeutet, daß aus den sieben Gramm Protein im Ei fast sieben Gramm Körpereiweiß entstehen. Damit übertrifft das Ei beispielsweise Milch, Fleisch, Fisch und Soja.

Darüber hinaus zählen Eier neben Milch, Milcherzeugnissen, Getreide und einigen Gemüsesorten zu den kalziumreichsten Lebensmitteln. Kalzium braucht der Mensch als Baustoff für Knochen und Zähne, es leitet außerdem die Blutgerinnung ein. Besonders ältere Menschen haben einen höheren Kalziumbedarf, weil die Verwertungsfähigkeit mit zunehmendem Alter abnimmt. Außerdem enthält das Ei Kalium, Phosphor, Eisen, Zink, Jod und Magnesium. Wobei das Eisen besonders wichtig ist, denn ein Ei deckt ein Drittel des täglichen Bedarfs an Eisen. So sind in einem Hühnerei durchschnittlich 1,2 Milligramm Eisen enthalten. In äußerst konzentrierter Form sind im Ei auch Lecithin und Cholin zu finden; beide sind wertvoll für Herz, Nerven, Leber, Nieren und Gehirn. Das „Kraftpaket" Ei ist also das ideale Nahrungsmittel für einen guten und gesunden Start in den Tag. Und so wurde aus der Selbstverständlichkeit des morgendlichen Frühstücksei – vielleicht unbewußt – ein wertvoller Beitrag zur eigenen Gesundheit. Übrigens gilt dies auch für Kinder. Professor Holtmeier von der Universität Hohenheim brachte es während einer Fernsehsendung auf den Punkt: „Ein Kind sollte jeden Tag ein Ei essen, weil es das beste Eiweiß ist, das es überhaupt in der Natur gibt".

Unschlagbar ist das Ei in der Kombination mit anderen Nahrungsmitteln. Die höchste Wertigkeit, die überhaupt erreicht werden kann, gelingt mit der Zusammenstellung Ei mit Kartoffeln. Rühreier oder Spiegeleier mit Bratkartoffeln zum Beispiel sind unter biologischen Gesichtspunkten Gerichte, die durch nichts zu übertreffen sind.

Doch das Ei ist nicht nur ein vorzüglicher Energiespender und Vitaminlieferant, es trägt auch zur Schönheit bei. So sorgt der hohe Anteil an Vitamin A und Lecithin für eine bessere Haarstruktur und somit für einen gesunden Haarwuchs. Für gesunde und ansehnliche Zähne und Fingernägel ist vor allem das im Ei enthaltene Kalzium notwendig, und Zink wirkt sich positiv auf die Haut aus.

Eier für die Schönheit

Doch damit nicht genug. Wissenschaftler haben in langjährigen Forschungsarbeiten herausgefunden, daß das Vitamin E im Kampf gegen Rheuma hilft. Und da dieses Vitamin eben auch im Ei enthalten ist, ist es für Rheumakranke überaus nützlich. Natürlich kann es nicht als Therapie eingesetzt werden, aber eine vorbeugende Wirkung ist vorhanden, außerdem gibt es keine negativen Nebenwirkungen.

Im übrigen ist das Ei auch als Diät oder bei Abmagerungskuren einzusetzen. Wer der Fettleibigkeit ein Ende bereiten will, für den ist das Ei geradezu ideal. Denn 100 Gramm ohne Schale enthalten – gekocht oder pochiert – gerade mal zwölf Gramm Fett, fast keine Kohlehydrate und nur 160 Kalorien. Und daß das Ei ein aufpäppelnder Bestandteil der Ernährung für Genesende ist, zum Beispiel nach einer Operation, kann jede Krankenschwester bestätigen.

Nun gibt es viele Unkenrufer, die Cholesterin geradezu verteufeln und somit auch den Genuß des Eies in Frage stellen. Obwohl weltweit die Wissenschaftler auf die lebensnotwendige Bedeutung von Cholesterin hinweisen, wurde vielen Verbrauchern die Lust auf das Ei verleidet. Trotzdem plädieren Mediziner und Wissenschaftler nach wie vor für den Verzehr von Eiern, denn genauso wie zuviel Cholesterin ungesund ist, schadet zu wenig ebenfalls dem Körper. Bei einem Menschen mit gesundem Fettstoffwechsel nimmt der Organismus nur ein Minimum des mit der Nahrung zugeführten Cholesterins auf. Jeder gesunde Mensch, gleich welchen Alters, kann also täglich sein Ei ohne Bedenken essen. Noch einmal sei Professor Holtmeier zitiert: „Die Angst vor dem Cholesterin ist an den Haaren herbeigezogen. Denn das Ei ist die Ursprungssubstanz allen Lebens".

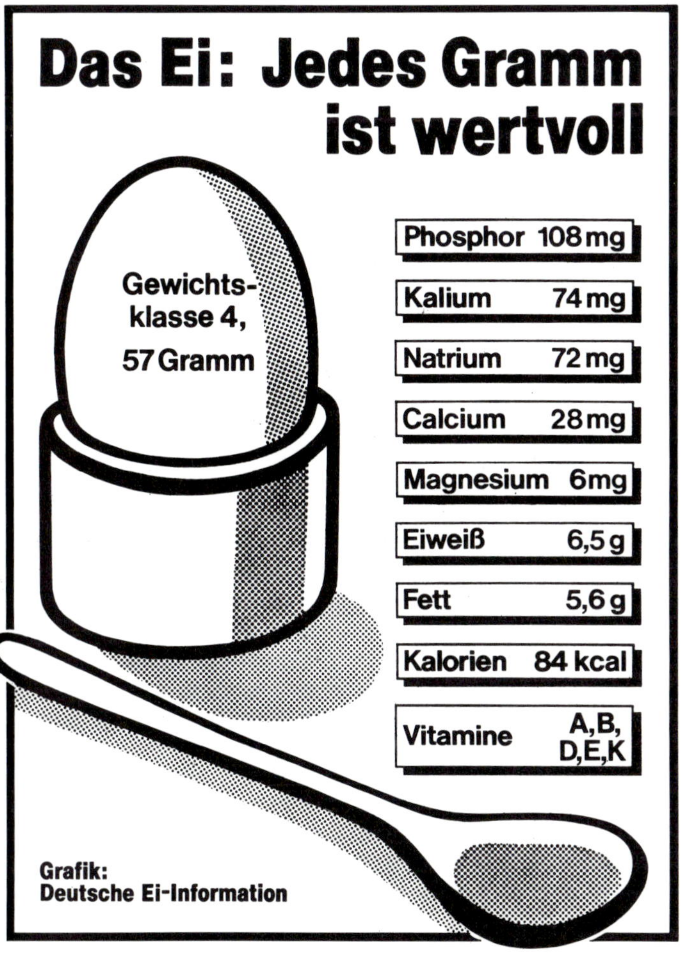

Mit der Eier-Diät zur schlanken Linie

Zum Abnehmen sind Eier geradezu ideal. Mit der 7-Tage-Eierdiät können bei richtiger Dosierung von Fett, Kohlenhydraten und Eiweiß in nur einer Woche fünf bis sieben Pfund Körpergewicht „abgespeckt" werden. Und die Eier sorgen dafür, daß es dem Organismus trotz verringerter Kalorienzufuhr an nichts fehlt. Außerdem kann man sie auf fast unendlich vielfältige Weise zubereiten, so daß sie zu beinahe jeder Art von Spezialdiät passen. Natürlich sollten die Eier stets frisch sein, denn nur so weisen sie alle ihre wertvollen Inhaltsstoffe auf. Während einer Diät sollten Sie reichlich Flüssigkeit zu sich nehmen. Heilwässer mit dem NCH-Faktor (Natrium-Calcium-Hydrogencarbonat) regen dabei nicht nur die Nierentätigkeit an, sondern unterstützen auch das Abnehmen.

1. Tag
Frühstück:
Kaffee oder Tee, ungesüßt oder mit flüssigem Süßstoff. 2 Scheiben Knäckebrot dünn mit Butter oder Margarine bestreichen, mit 2 Scheiben Kasseler (30 g) belegen.
Dazu: 2 Tomaten, geviertelt und leicht gesalzen, 1 Stück Salatgurke in Scheiben, leicht gepfeffert, 2 Karotten und 1 weichgekochtes Ei.
kcal 270/kJ 1.135

2. Frühstück:
Karotteneier

3 geschälte Karotten grob raspeln und in eine Schüssel geben. 1 hartgekochtes Ei schälen, hacken und mit 1 Scheibe in Würfel geschnittener Ananas unter die Karotten heben. 1/2 Becher Magerjoghurt mit Zitronensaft glattrühren, mit Worcester, Salz, Pfeffer und flüssigem Süßstoff würzen und die Karotteneier damit anmachen. Mit frisch geschnittenem Schnittlauch bestreut servieren.
kcal 180/kJ 755

Mittagessen:
Deftiger Gemüsetopf

1 Hähnchenbrustfilet (80 g), 1 Zwiebel, 150 g Mexikanische Gemüsemischung (TK-Produkt), 2 EL Tomatenketchup, 1/4 l Gemüsebrühe, Salz, Pfeffer, Paprika, Curry, Kümmel, Tabasco, 2 EL geschnittener Schnittlauch.
Das Hähnchenbrustfilet in kleine Würfel schneiden und in einem Topf möglichst fettfrei anbraten. Die feingehackte Zwiebel dazugeben und glasig schwitzen, dann die Gemüsemischung hinzufügen, Tomatenketchup unterrühren und mit der Gemüsebrühe auffüllen. Das Ganze mit den Gewürzen abschmecken und zugedeckt bei mittlerer Hitze 15–20 Minuten köcheln lassen. Vor dem Servieren mit dem frisch geschnittenem Schnittlauch bestreuen.
kcal 200/kJ 840

Zwischenmahlzeit:
1 kleine Scheibe Vollkornbrot dünn mit Butter oder Margarine bestreichen, mit Tomatenscheiben belegen, leicht salzen und pfeffern und mit Zwiebelwürfeln und Schnittlauch bestreut servieren.
kcal 120/kJ 505

Abendessen:
Scharfes Fischfilet mit Eierhaube

100 g Kabeljaufilet, einige Tropfen Zitronensaft und Worcestersauce, Salz, Pfeffer, 1 TL Senf, frisch geschroteter Pfeffer nach Geschmack, 2 Tomaten, 1/4 Salatgurke, 2 hartgekochte Eier, 1 Scheibe fettreduzierter Käse, 1 Schuß Weißwein, gehackte Petersilie, gehackter Dill.
Das küchenfertige Kabeljaufilet unter fließendem Wasser abwaschen, trockentupfen und mit Zitronensaft und Worcestersauce beträufelt 15 Minuten marinieren. Danach mit Salz und Pfeffer würzen, mit Senf einstreichen und mit den Pfefferkörnern bestreut in eine feuerfeste Form legen. Die Tomaten, die Gurke sowie die geschälten Eier in Scheiben schneiden, auf dem Fischfilet verteilen und mit dem Käse abdekken. Mit einem Schuß Weißwein angießen und im auf 180 Grad vorgeheizten Backofen 15-20 Minuten garen, mit den gehackten Kräutern bestreut servieren.
Dazu: 1 Scheibe Knäckebrot mit dünnem Butter- oder Margarineaufstrich.
kcal 390/kJ 1.640

Betthupferl:

Himbeerjoghurt

100 g Himbeeren (TK-Produkt) in eine Schüssel geben und auftauen lassen. 1/2 Becher Magerjoghurt mit flüssigem Süßstoff und Zitronensaft verfeinern, die Himbeeren damit anmachen und servieren.
kcal 80/kJ 335

Getränketip
2 Flaschen Heilwasser mit NCH-Faktor (z. B. Hirschquelle). NCH = Natrium-Calcium-Hydrogencarbonat. Natrium sorgt für ein Gleichgewicht im Wasserhaushalt des Körpers, Calcium beugt Leistungsschwäche vor. Das Hydrogencarbonat unterstützt die Funktion der Nieren, beruhigt den Magen, trägt zur Entschlackung und somit zur schlanken Linie bei.

Abendessen:

Scharfes Fischfilet mit Eierhaube

2. Tag
Frühstück:
Kaffee oder Tee, ungesüßt oder mit flüssigem Süßstoff. 2 Scheiben Zwieback mit Butter oder Margarine und 1 Portion kalorienreduzierter Marmelade bestreichen, auf einen Teller legen, 1 geschälten, entkernten und in Scheiben geschnittenen Apfel dekorativ darauf verteilen und servieren.
kcal 200/kJ 840

2. Frühstück:

Gurken-Ei

1/4 Salatgurke halbieren, mit einem Teelöffel das Kerngehäuse herauslösen und die Gurke grob raspeln. 1 hartgekochtes Ei schälen, hacken und mit 1 Kästchen verlesener und grobgehackter Kresse unter die Salatgurken mischen. 1/2 Becher Magerjoghurt mit einem Schuß Obstessig, flüssigem Süßstoff, Salz und Pfeffer kräftig abschmecken, die Rohkost damit anmachen und servieren.
kcal 120/kJ 505

Mittagessen:

Hackfleischtopf mit Eiernudeln

80 g Tatar, 1 Zwiebel, je 1 kleine rote und grüne Paprikaschote, 1 kleine Dose geschälte Tomaten, 1 Tasse Gemüsebrühe, 1 Msp. Oregano, 1 Msp. Basilikum, Salz, Pfeffer, 1 Prise Knoblauchgranulat, 50 g Eiernudeln, gehackte Kräuter.
Das Tatar in einem Topf möglichst fettfrei anbraten, die feingehackte Zwiebel dazugeben und glasig schwitzen. Die Paprikaschoten in Streifen schneiden, zum Fleisch geben und ebenfalls kurz mitschwitzen. Mit den Dosentomaten und der Gemüsebrühe auffüllen, mit Oregano, Basilikum, Salz, Pfeffer und Knoblauchgranulat kräftig würzen und zugedeckt bei mittlerer Hitze 15 Minuten köcheln lassen. Die bißfest gekochten Eiernudeln darunterheben, erhitzen, nochmals abschmekken und mit Kräutern bestreut servieren.
kcal 220/kJ 925

Zwischenmahlzeit:
1 kleine Scheibe Vollkornbrot dünn mit Butter oder Margarine bestreichen, mit 1 in Scheiben geschnittenen, hartgekochten Ei und Salatgurkenscheiben belegen, leicht salzen und pfeffern und mit frisch gehacktem Dill bestreut servieren.
kcal 210/kJ 880

Abendessen:

Gemüseeier mit Kräuterreis

1 Zwiebel, 1 Zucchini, 100 g Champignons, 1 Schuß Rotwein, 1 Tasse gebundene Bratensauce, Salz, Pfeffer, 1 Msp. Thymian, 1 Prise Knoblauch, einige Tropfen Zitronensaft und Worcestersauce, 3 hartgekochte Eier, 80 g gekochten Reis, 1/2 Tasse gemischte gehackte Kräuter.
Die Zwiebel feinhacken, die Zucchini putzen, in dünne Scheiben schneiden, mit der Zwiebel in einen Topf geben und möglichst fettfrei anschwitzen. Die geputzten Champignons halbieren, zum Gemüse geben und kurz mitschwitzen. Mit Rotwein ablöschen und mit der Bratensauce auffüllen. Mit Salz, Pfeffer, Thymian, Knoblauch, Zitronensaft und Worcestersauce kräftig abschmecken und zugedeckt bei mittlerer Hitze 10 Minuten köcheln lassen. Die geschälten Eier in die Sauce geben und erhitzen. Den gekochten Reis mit den Kräutern ver-

mischen. Die Eier halbieren, anrichten, mit der Sauce überziehen und mit dem Kräuterreis servieren.
kcal 420/kJ 1.765

Betthupferl:
Heidelbeerjoghurt

100 g Heidelbeeren (TK-Produkt) in eine Schüssel geben und auftauen lassen. 1/2 Becher Magerjoghurt mit flüssigem Süßstoff und Zitronensaft verfeinern und die Heidelbeeren damit anmachen.
kcal 80/kJ 335

Getränketip
2 Flaschen Heilwasser mit NCH-Faktor.

Abendessen:
Gemüseeier mit Kräuterreis

3. Tag
Frühstück:
Kaffee oder Tee, ungesüßt oder mit flüssigem Süßstoff. 1 Brötchen halbieren, dünn mit Butter oder Margarine bestreichen und mit 1 Scheibe kalorienarmem Käse (30 g) belegen. Dazu: 1/2 Salatgurke, 1 Bund Radieschen, 1 weichgekochtes Ei.
kcal 290/kJ 1.220

2. Frühstück:
Spargel-Ei

150 g Spargelabschnitte gut abtropfen lassen und in eine Schüssel geben. 1 hartgekochtes Ei schälen, hacken und unter den Spargel heben. 1/2 Becher Magerjoghurt mit Zitronensaft, Worcester, Salz, Pfeffer und flüssigem Süßstoff abschmecken, den Salat damit anmachen und mit frisch geschnittenem Schnittlauch bestreut servieren.
kcal 160/kJ 670

Mittagessen:
Sauerkrautterrine

1 Zwiebel, 1 kleine Dose Sauerkraut, 1 Schuß Weißwein, 1 Tasse Gemüsebrühe, Salz, Pfeffer, flüssiger Süßstoff, Kümmel, 2 EL ungesüßtes Apfelmus, 1 Paar Wiener Würstchen, gehackte Kräuter.
Die feingehackte Zwiebel in einem Topf möglichst fettfrei anschwitzen. Das Sauerkraut zerpflücken, zu den Zwiebeln geben, mit Weißwein ablöschen und mit Gemüsebrühe auffüllen. Mit Salz, Pfeffer, Süßstoff und Kümmel würzen und zugedeckt bei mittlerer Hitze 15-20 Minuten dünsten. Apfelmus unterziehen, die Würstchen dazugeben, alles zusammen erhitzen und mit Kräutern bestreut servieren.
kcal 240/kJ 1.010

Zwischenmahlzeit:
1 kleine Scheibe Vollkornbrot dünn mit Butter oder Margarine bestreichen, mit einem hartgekochten, in Scheiben geschnittenen Ei belegen und mit frisch geschnittenem Schnittlauch bestreut servieren.
kcal 210/kJ 880

Abendessen:
Bunter Eiersalat

150 g gemischter Salat, 1 Scheibe fettreduzierte Fleischwurst, 1 Scheibe kalorienarmen Käse, 1 Zwiebel, 1 Essiggurke, 1 Becher Magerjoghurt, 1 TL mittelscharfen Senf, Obstessig, Zitronensaft, Worcestersauce, 1/2 TL Curry, 1 Msp. Cayennepfeffer, Salz, Pfeffer aus der Mühle, flüssiger Süßstoff, 1 hartgekochtes Ei, gehackte Kräuter, 1 Scheibe Knäckebrot.
Den geputzten und zerpflückten Salat in eine Schüssel geben. Die Fleischwurst, den Käse und die Gurke in Streifen schneiden und zusammen mit der feingehackten Zwiebel zum Salat geben und alles vorsichtig miteinander vermischen. Den Magerjoghurt mit dem Senf glattrühren, mit einigen Tropfen Obstessig, Zitronensaft, Worcestersauce, Curry, Cayennepfeffer, Salz, Pfeffer und Süßstoff kräftig würzen und den Salat damit anmachen. Den Salat in ein Cocktailglas füllen, das geschälte Ei achteln und dekorativ auf dem Salat anrichten. Mit Kräutern bestreuen und mit Knäckebrot servieren.
kcal 290/kJ 1.220

Der Tip

Eigelb kann bis zu zwei Wochen im Kühlschrank aufbewahrt werden, wenn es mit einer Schicht Öl abgedeckt wird.

Abendessen:

Bunter Eiersalat

Betthupferl:

Erdbeerjoghurt

100 g Erdbeeren (TK-Produkt) in eine Schüssel geben und auftauen lassen. 1/2 Becher Magerjoghurt mit flüssigem Süßstoff und Zitronensaft verfeinern, die Erdbeeren damit anmachen und servieren.
kcal 80/kJ 335

Getränketip
2 Flaschen Heilwasser mit NCH-Faktor

4. Tag
Frühstück:
125 g Magerquark mit 1 feingehackten Zwiebel und 1/2 Tasse gehackter Kräuter glattrühren. Mit Zitronensaft, Worcestersauce, flüssigem Süßstoff, Salz und Pfeffer abschmecken, auf 2 Scheiben Knäkkebrot streichen und servieren.
Dazu: 1 weichgekochtes Ei.
kcal 290/kJ 1.220

2. Frühstück:
Tomateneier

4 Tomaten enthäuten, entkernen, in kleine Würfel schneiden und mit 1 feingehackten Zwiebel und 1 hartgekochten, grob gehackten Ei in eine Schüssel geben. 1/2 Becher Magerjoghurt mit einigen Tropfen Obstessig, Salz, Pfeffer und flüssigem Süßstoff abschmecken und die Tomateneier damit anmachen. Mit frisch geschnittenem Schnittlauch bestreut servieren.
kcal 160/kJ 670

Mittagessen:
Zwiebelsteak mit Salat

1 Filetsteak (125 g), geschroteter Pfeffer, Salz, 2 Zwiebeln, 1/2 Tasse gebundene Bratensauce, 1 Msp. Majoran, Salz, Pfeffer, 100 g gemischten Salat, Saft von 1 Zitrone, einige Tropfen Olivenöl, 1 Schuß Heilwasser, 1 Zwiebel, gehackte Kräuter.
Das Filetsteak mit dem Pfeffer einreiben und in einer Pfanne je nach Geschmack medium oder durchbraten. Mit Salz und Pfeffer würzen, aus der Pfanne nehmen und warmstellen. Die geschälten Zwiebeln in Scheiben schneiden und in der Pfanne glasig schwitzen, dann mit der Bratensauce auffüllen und mit Majoran, Salz und Pfeffer abschmecken. Für den Salat den geputzten und zerpflückten Salat in eine Schüssel geben. Den Zitronensaft mit Olivenöl, Heilwasser und der feingehackten Zwiebel glattrühren, mit Salz, Pfeffer und Süßstoff abschmecken und den Salat damit anmachen. Das Filetsteak anrichten, mit der Zwiebelsauce überziehen, den Salat dazugeben und mit Kräutern bestreuen.
kcal 230/kJ 965

Zwischenmahlzeit:
1 kleine Scheibe Vollkornbrot dünn mit Butter oder Margarine bestreichen, mit einem in Scheiben geschnittenen, hartgekochten Ei und Radieschenscheiben belegen, leicht salzen, pfeffern und mit Petersilie bestreut servieren.
kcal 210/kJ 880

Abendessen:
Nordseepfanne

1 Zwiebel, 100 g Champignons, 1 kleine Dose Mischgemüse, 60 g Krabbenfleisch, Zitronensaft, Worcestersauce, Salz, Pfeffer, Muskat, 2 Eier, Schnittlauch, Dill.
Die feingehackte Zwiebel in einer Pfanne glasig dünsten. Die geputzten, in Scheiben geschnittenen Champignons dazugeben und kurz mitschwitzen. Das Mischgemüse abtropfen lassen, mit dem Krabbenfleisch zu den Champignons geben und ebenfalls kurz dünsten. Mit Zitronensaft, Worcestersauce, Salz, Pfeffer und Muskat abschmecken, vorsichtig die Eier daraufgeben, nochmals salzen, pfeffern und im auf 180 Grad vorgeheizten Backofen die Eier stocken lassen. Mit geschnittenem Schnittlauch und feingehacktem Dill bestreut servieren.
kcal 300/kJ 1.260

Betthupferl:

Johannisbeerjoghurt

100 g Johannisbeeren (TK-Produkt) in eine Schüssel geben und auftauen lassen. 1/2 Becher Magerjoghurt mit Zitronensaft und flüssigem Süßstoff verfeinern, die Johannisbeeren damit anmachen und servieren.
kcal 80/kJ 335

Getränketip
2 Flaschen Heilwasser mit NCH-Faktor

Abendessen:

Nordsee-pfanne

5. Tag
Frühstück:
Apfelmüsli.
1 Tasse Vollkornhaferflocken in einen Teller geben. 1 Apfel schälen, entkernen, grob raspeln und über die Haferflocken verteilen, mit Zitronensaft beträufeln. 1/4 l Magermilch erhitzen, mit flüssigem Süßstoff und Vanillearoma verfeinern und heiß über die Haferflocken geben. Mit 1 TL Rosinen bestreut servieren.
kcal 220/kJ 925

2. Frühstück:

Gemüseeier

1 kleine Dose Erbsen und Karotten abtropfen lassen und in eine Schüssel geben. 1 hartgekochtes Ei schälen, grob hacken und mit 2 EL geschnittenem Schnittlauch unter das Gemüse mischen. 1/2 Becher Magerjoghurt mit Zitronensaft, Worcestersauce und flüssigem Süßstoff sowie Salz und Pfeffer abschmecken und das Gemüse damit anmachen.
kcal 160/kJ 670

Mittagessen:

Gemüsefisch aus der Folie

120 g Rotbarschfilet, Zitronensaft, Worcestersauce, Salz, Pfeffer, 100 g frische Champignons, 1 Zwiebel, 1 rote Paprikaschote, 2 Karotten, 1 kleine Stange Lauch, 1/2 TL Basilikum, 2 EL geschnittener Schnittlauch, 2 EL gehackte Petersilie, 1 Schuß Weißwein, 1 hartgekochtes Ei.
Das Rotbarschfilet mit Zitronensaft und Worcestersauce beträufeln, salzen, pfeffern und auf ein entsprechend großes Stück Alufolie legen. Die geputzten Champignons in Scheiben schneiden und auf dem Fisch verteilen. Zwiebel, Paprikaschote, Karotten und Lauch putzen, in dünne Streifen schneiden und ebenfalls auf dem Fischfilet verteilen. Mit Salz, Pfeffer, Basilikum, Schnittlauch und Petersilie bestreuen. Einen Schuß Weißwein angießen, die Alufolie verschließen und im auf 180 Grad vorgeheizten Backofen 15-18 Minuten garen. Dann herausnehmen, die Folie aufreißen und mit dem gehackten Ei bestreut servieren.
kcal 290/kJ 1.220

Zwischenmahlzeit:
1 kleine Scheibe Vollkornbrot dünn mit Butter oder Margarine bestreichen, mit einem hartgekochten, in Scheiben geschnittenen Ei belegen und mit gehackter Kresse bestreut servieren.
kcal 210/kJ 880

Abendessen:

Spargelomelett mit Pilzen

1 Zwiebel, 1 kleine Dose Spargelabschnitte, 1 kleine Dose Champignonköpfe, 1 Scheibe gekochter Schinken (30 g), Salz, Pfeffer, 1 Prise Muskat, 1 Prise Cayennepfeffer, 2 Eier, 2 EL geschnittener Schnittlauch.
Die feingehackte Zwiebel in einer Pfanne glasig dünsten. Die Spargelabschnitte sowie die Champignonköpfe abtropfen lassen, dann mit dem in kleine Würfel geschnittenen Schinken zu den Zwiebeln geben und erhitzen. Mit Salz, Pfeffer, Muskat und Cayennepfeffer würzen, die Eier verschlagen, salzen, pfeffern und den Schnittlauch unterziehen. Die Eier in einer Pfanne zu einem Omelett ausbacken, füllen, zusammenklappen und servieren.
kcal 300/kJ 1.260

Abendessen:

Spargelomelett mit Pilzen

Betthupferl:

Kirschjoghurt

100 g entsteinte TK-Sauerkirschen in eine Schüssel geben und auftauen lassen. 1/2 Becher Magerjoghurt mit Zitronensaft und flüssigem Süßstoff verfeinern und die Sauerkirschen damit anmachen.
kcal 80/kJ 335

Getränketip
2 Flaschen Heilwasser mit NCH-Faktor

6. Tag
Frühstück:
Kaffee oder Tee, ungesüßt oder mit flüssigem Süßstoff.
2 Scheiben Knäckebrot dünn mit Butter oder Margarine bestreichen, mit 2 Scheiben fettarmen Käse (30 g) belegen und mit frisch geschnittenem Schnittlauch bestreut servieren.
Dazu: 2 Tomaten, geviertelt, leicht gesalzen und gepfeffert und 1 weichgekochtes Ei.
kcal 250/kJ 1.050

2. Frühstück:

Endivien-Ei

150 g Endiviensalat putzen, waschen, in dünne Streifen schneiden und in eine Schüssel geben. 1 hartgekochtes Ei schälen, grob hacken und mit 1 feingehackten Zwiebel unter den Salat mischen. 1/2 Becher Magerjoghurt mit 1 TL mittelscharfen Senf glattrühren, mit Obstessig, Salz, Pfeffer, flüssigem Süßstoff und Cayennepfeffer abschmecken und den Salat damit anmachen. Mit Kräutern bestreut servieren.
kcal 160/kJ 670

Mittagessen:

Geschmorte Balkankeule

1 kleine Hähnchenkeule, Salz, Pfeffer, Paprika, Curry, 1 Zwiebel, 1 Schuß Rotwein, 1 kleine Dose geschälte Tomaten, 150 g TK-Balkangemüse, Knoblauchpulver, Majoran, gehackte Kräuter.
Die Hähnchenkeule salzen, pfeffern, mit Paprika und Curry einreiben und in einer Pfanne möglichst fettfrei anbraten. Die feingehackte Zwiebel dazugeben, mit einem Schuß Rotwein ablöschen und mit den Tomaten auffüllen. Zugedeckt bei mittlerer Hitze 10 Minuten köcheln lassen. Dann das Balkangemüse hinzufügen, mit Paprika, Curry, Knoblauchpulver und Majoran würzen und zugedeckt bei mittlerer Hitze nochmals 10-15 Minuten schmoren lassen. Die Sauce abschmecken und mit Kräutern bestreut servieren.
kcal 210/kJ 880

Zwischenmahlzeit:
1 kleine Scheibe Vollkornbrot dünn mit Butter oder Margarine bestreichen, mit einem in Scheiben geschnittenen, hartgekochten Ei belegen und mit 2 geraspelten Karotten bedecken. Salzen, pfeffern, mit Zitronensaft beträufeln und mit Kräutern bestreut servieren.
kcal 210/kJ 880

Abendessen:

Chinesischer Eiertopf

1 Zwiebel, 1 kleine Stange Lauch, 2 Karotten, 1 Stück Sellerie, 50 g eingeweichte, chinesische Pilze, 1 Schuß Weißwein, 1/4 l Gemüsebrühe, Sojasauce, Zitronensaft, Salz, Pfeffer, flüssiger Süßstoff, 100 g Kabeljau, 2 Eier, Schnittlauch.
Zwiebel, Lauch, Karotten und Sellerie putzen, waschen, in dünne Streifen schneiden und in einem Topf möglichst fettfrei anschwitzen. Die in Streifen geschnittenen Pilze dazugeben und kurz mitdünsten. Mit einem Schuß Weißwein ablöschen und mit der Gemüsebrühe auffüllen. Mit Sojasauce, Zitronensaft, Salz, Pfeffer und Süßstoff abschmecken und zugedeckt bei mittlerer Hitze 10

Der Tip

Ein Eierschneider läßt sich auch gut zum Schneiden von Champignons und Kartoffeln für Kartoffelsalat verwenden.

Minuten köcheln lassen. Den küchenfertigen Kabeljau in Würfel schneiden, in die Suppe geben und weitere 10 Minuten garziehen lassen. In der Zwischenzeit die Eier verschlagen, salzen, pfeffern und den geschnittenen Schnittlauch unterziehen. In einer Pfanne möglichst fettfrei ein Omelett backen, anschließend mit zwei Gabeln auseinanderreißen, in die Suppe geben, nochmals abschmecken und servieren.
kcal 340/kJ 1.430

Betthupferl:

Brombeerjoghurt

100 g TK-Brombeeren in eine Schüssel geben und auftauen lassen. 1/2 Becher Magerjoghurt mit Zitronensaft und flüssigem Süßstoff verfeinern, die Brombeeren damit anmachen und servieren.
kcal 80/kJ 335

Getränketip
2 Flaschen Heilwasser mit NCH-Faktor

Abendessen:

Chinesischer Topf

7. Tag
Frühstück:
Kaffee oder Tee, ungesüßt oder mit flüssigem Süßstoff.
1 Brötchen halbieren, 1 Ecke fettarmen Camembert (30 g) in Scheiben schneiden, auf das Brötchen legen und mit Schnittlauch bestreut servieren.
Dazu: 1 kleine Grapefruit, 1 weichgekochtes Ei.
kcal 295/kJ 1.240

2. Frühstück:
Paprika-Ei

1 kleine rote und 1 kleine grüne Paprikaschote halbieren, entkernen, waschen und in kleine Würfel schneiden. 1 hartgekochtes Ei schälen, grob hacken und mit 1 feingehackten Zwiebel zum Paprika geben und vorsichtig miteinander vermischen. 1/2 Becher Magerjoghurt mit Obstessig, Zitronensaft, Salz, Pfeffer und flüssigem Süßstoff abschmekken, den Salat damit anmachen und mit Kräutern bestreut servieren.
kcal 150/kJ 630

Mittagessen:
Fitneßsalat

100 g gemischten Salat, 1 Zwiebel, 2 Essiggurken, 100 g Erdbeeren, 50 g kalter Kalbsbraten, 1 Becher Magerjoghurt, Saft von 1 Zitrone, einige Tropfen Obstessig, flüssiger Süßstoff, Salz, Pfeffer, Schnittlauch, Petersilie.
Den geputzten und zerpflückten Salat in eine Schüssel geben. Die Zwiebel und Essiggurken in dünne Streifen schneiden, mit den geputzten, halbierten Erdbeeren und in dünne Streifen geschnittenem Kalbsbraten unter den Salat mischen. Den Magerjoghurt mit Zitronensaft, Obstessig, Süßstoff sowie Salz und Pfeffer kräftig abschmekken und den Salat damit anmachen. Mit gehackten Kräutern bestreut servieren.
Dazu: 1 Scheibe Knäckebrot.
kcal 225/kJ 945

Zwischenmahlzeit:
1 Scheibe Vollkornbrot dünn mit Butter oder Margarine bestreichen und mit einer geschälten, in Scheiben geschnittenen Kiwi belegen.
kcal 120/kJ 505

Abendessen:
Italienischer Spinat mit pochierten Eiern

1 Scheibe gekochten Schinken (15 g), 1 Zwiebel, 200 g TK-Blattspinat, 1 Schuß Weißwein, Salz, Pfeffer, Muskat, Cayennepfeffer, 1 Prise Knoblauch, 2 Eier, 2 kleine Salzkartoffeln, gehackte Petersilie.
Den Schinken in kleine Würfel schneiden und mit der feingehackten Zwiebel in einer Pfanne möglichst fettfrei glasig dünsten. Den Blattspinat dazugeben und kurz mitschwitzen. Mit Weißwein ablöschen, mit Salz, Pfeffer, Muskat, Cayennepfeffer und Knoblauch würzen und gardünsten. Die Eier in Essigwasser pochieren, den Spinat anrichten, die Eier daraufsetzen, die Salzkartoffeln dazugeben und das Ganze mit Petersilie bestreut servieren.
kcal 370/kJ 1.555

Betthupferl:
Kiwijoghurt

2 Kiwifrüchte schälen, in kleine Würfel schneiden und in eine Schüssel geben. 1/2 Becher Magerjoghurt mit Zitronensaft und flüssigem Süßstoff verfeinern, die Kiwis damit anmachen und servieren.
kcal 80/kJ 335

Abendessen:

Italienischer Spinat mit pochierten Eiern

„Das Ei ist eine der Säulen der Küche, bei deren Wegnahme die Kunst elend zusammenbräche“

Zitat

Das Ei zwischen Güte und Klasse

Eine Klasse für sich

Die Eierproduktion hat sich in den vergangenen 40 Jahren mehr als verdoppelt. Gleichzeitig ist der Preis für ein Ei im gleichen Zeitraum konstant geblieben. Heute wie damals kostet das Frühstücksei zwischen 21 und 24 Pfennig. Daß damit Frischeier das einzige Nahrungsmittel sind, das nicht teurer geworden ist, liegt eben daran, daß die Hühner immer fleißiger geworden sind. Die Legeleistung pro Henne stieg von 120 Eiern im Jahr 1950 auf nunmehr 267 pro Jahr. Womit auch das alte Kinderlied widerlegt ist: Ich wollt ich wär ein Huhn, dann hätt' ich nichts zu tun...

Intensive Züchtung und Haltung der Hühner sind für diese enormen Steigerungen zuständig. Wobei sich die Art der Hühnerhaltung auch auf die Qualität auswirkt, denn das Futter beeinflußt die Härte der Schale, die Farbe des Dotters und den Geschmack. Am wichtigsten jedoch ist für die Qualität des Eies die Frische. Und da hat der Gesetzgeber strenge Regeln entworfen, die letztlich dem Verbraucher zugute kommen. Wenn auf der Verpackung die Güteklasse „Extra" vermerkt ist, wird garantiert, daß zwischen Legetag und Abpackdatum nicht mehr als vier Tage vergangen sind. Bei der Güteklasse „A" dürfen es nicht mehr als sieben Tage sein, die Luftkammer des Eies darf nicht größer als sechs Millimeter sein. Bei den Eiern der Güteklasse „B" („haltbar gemacht") darf die Luftkammer neun Millimeter groß sein, außerdem dürfen die Eier gereinigt sein. Und die Eier der Güteklasse „C" schließlich sind nicht zum Frischverzehr geeignet und nur für die Lebensmittelindustrie bestimmt.

Daß die Eier immer frisch sein sollten, ist schon alleine deswegen wichtig, weil zu lange aufbewahrte Eier einen faden Geschmack annehmen. Bei zu langem Lagern dringt Luft in die poröse Schale ein, die Luftblase im Ei vergrößert sich. Dadurch zerfallen wichtige Proteine und die Vitamine A, B 1 und B 2. Fachleute sind der Meinung, daß Frischeier binnen einer Woche nach dem Kauf verbraucht werden sollten, damit sie auch wirklich noch frisch sind. Werden die Eier im Kühlschrank aufbewahrt, kann man sie getrost auch noch nach zwei Wochen essen.

Doch wie stellt man fest, ob ein Ei nun wirklich auch frisch ist. Dafür gibt es einige Tricks, die sowohl zuhause als auch beim Einkauf anwendbar sind. Um im Supermarkt oder im Laden die Frische zu überprüfen, sollte man ein oder zwei Eier schütteln. Hört man ein blubberndes Geräusch, dann dürfte das Ei länger als zwei Wochen alt sein, und

Frischegrad im Test

es sollte schleunigst wieder zurück ins Regal. In der heimischen Küche gibt es gleich mehrere Tests. Ein rohes Ei in ein Glas Wasser gelegt, verrät etwas über den Frischegrad. Bleibt es unten am Glasboden liegen, ist es frisch, steigt es nach oben, weil die Luftblase im Ei größer geworden ist, dann hat es mit Sicherheit einige Tage zuviel auf dem Buckel. Oder man schlägt das Ei in einen flachen Teller. Bleibt das Eigelb genau in der Mitte, ist es frisch. Je älter ein Ei ist, umso flüssiger wird das Eiweiß vom Rand her, und spätestens nach zwei Wochen ist kein Unterschied zwischen festem inneren und weichem äußeren Eiweiß festzustellen.

Untersuchungen und Umfragen haben ergeben, daß der deutsche Verbraucher goldgelbe Eier auf dem Frühstückstisch bevorzugt, blasse Dotter werden für unnatürlich und deswegen für weniger wertvoll gehalten. Dabei ist laut einer Untersuchung der kalifornischen Universität in Berkley ein blasses Eigelb ebenso nährreich wie ein farblich anmutigeres. Die Dotterfarbe hängt davon ab, wie das Futter zusammengesetzt ist, und in diesem Zusammenhang wiederum, wieviele gelbe Pigmente (Karotinoide) enthalten sind. So werden zum Beispiel die Dotter sehr viel dunkler, wenn das Huhn viel Löwenzahn, Spinat oder Feldsalat gefressen hat, denn die sind reich an natürlichem Karotin. Genauso wie mit dem Dotter verhält es sich mit der Schale. Viele bevorzugen braune Eierschalen, weil es angeblich die besseren Eier sind. Doch ob weiß oder braun, ein Qualitätsunterschied besteht nicht. Die braunen Schalen sind lediglich etwas fester. Der farbliche Unterschied hängt von der Hühner-Rasse ab. Weiße Eier werden von leichteren Hühnern produziert, braune von schwereren. Qualitativ wertvoller hingegen ist das Korn-Ei, das von Hühnern gelegt wird, die einen besonders hohen Anteil von Sonnenblumenkernen im Futter haben. Diese Eier aus der Bodenhaltung werden immer begehrter, kosten allerdings ein paar Pfennige mehr als das herkömmliche Ei. Und noch teurer ist das Freilandei, das von einem deutschen Unternehmen angeboten wird. Die Hühner dieser Freilandeier leben in einem bewachsenen Freigehege in der Bretagne, wobei jedes Huhn entsprechend der EG-Richtlinie mindestens zehn Quadratmeter zur Verfügung hat. Das Unternehmen kann aufgrund einer ausgeklügelten Logistik garantieren, daß die Eier innerhalb von drei Tagen nach dem Legen von der Bretagne nach Deutschland kommen. Seit einigen Jahren im Sortiment ist das sogenannte Siegel-Ei, das einer besonderen Qualität entspricht. Das Extra-Ei ist mit einem Siegel versehen, das dem Verbraucher garantiert, daß diese Eier nie älter als sieben Tage sind.

Futter bestimmt Dotterfarbe

Die Frische der Eier macht sich natürlich auf dem Frühstückstisch bemerkbar, vor allem, wenn es um hart oder weich gekochte Eier geht. Wobei das Eierkochen, das wird jeder wissen, eine kleine Wissenschaft für sich ist. Hier ein paar Tips: Frische Eier werden in kaltes Wasser gelegt (anstechen nicht vergessen), das zum Sieden gebracht wird. Ist der Siedepunkt erreicht, dauert es noch drei Minuten, bis das weiche Frühstücksei fertig ist. Wird länger gekocht, wird das Ei entsprechend härter. Nestfrische Eier brauchen allerdings etwa eine Minute länger. Werden die Eier direkt in das siedende Wasser gelegt, benötigt ein weiches Ei etwa sechs Minuten, harte Eier etwa zehn Minuten. Für flüssige Eier oder Eier im

Tips für das Frühstücksei

Glas genügen fünf Minuten Kochzeit. In beiden Fällen müssen die Eier nach dem Kochen abgeschreckt werden. Wobei man beim Eierkochen sicherlich nicht so penibel vorgehen muß, wie einst James Bond: Der ließ nämlich sein Frühstücksei exakt 3 Minuten und 50 Sekunden kochen.

Klären mit Ei

Eine Brühe ist noch längst nicht hundertprozentig klar, wenn man sie nach dem Kochen einfach nur durchsiebt. Damit sie wirklich klar wird, hilft Eiweiß, wobei für einen Liter Brühe ein Eiweiß reicht. Dieses Eiweiß wird zu steifem Schnee geschlagen und in die Brühe gegeben, die möglichst vorher entfettet wurde. Ein kleiner Trick zusätzlich: Zerstoßene Eierschalen in der Brühe erhöhen noch die Wirkung. Nachdem die Brühe richtig aufgekocht ist, wird der Schaum abgehoben und die Flüssigkeit durch ein sehr enges Sieb, das mit einem Küchenhandtuch oder mit Mull ausgelegt ist, abgegossen.

Lockern mit Ei

Wenn bei einem Gericht lediglich gelockert werden soll, muß wieder das Eiweiß herhalten, und zwar auch dieses Mal wieder zu Schaum geschlagen. Je luftiger der Eischnee ist, desto lockerer wird das Gericht. Richtig fest ist der Eischnee erst dann, wenn man ihn mit einem Messer „durchschneiden" kann, oder wenn Teile des Schnees stehen bleiben. Ein Trick: Ein paar Tropfen Zitrone, ein paar Körnchen Salz oder etwas Eiswasser erhöhen die Festigkeit. Wichtig ist, daß die Rührschüssel beziehungsweise das Rührgerät völlig fettfrei ist. Nur dies ermöglicht perfekten Eischnee.

Legieren mit Ei

Das Eigelb, das beim Klären übrigbleibt, kann zum Beispiel zum Legieren verwendet werden. Eigelb verfeinert nicht nur den Geschmack von hellen Soßen, Suppen, Ragouts und Frikassees und vielem anderen mehr, es bindet auch. Wichtig ist, daß die zu legierenden Gerichte nicht mehr kochen dürfen, wenn das Eigelb hinzukommt, und danach auch nicht mehr aufkochen dürfen, weil sonst das Eigelb gerinnt.

Pochierte Eier

Für pochierte Eier eignen sich am besten nestfrische Eier, also nicht älter als drei oder vier Tage alt. In einer Bratpfanne oder in einem anderen Gefäß wird etwa 3 Zentimeter hoch eingefülltes Wasser zum Kochen gebracht. Nun das Ei in einer Tasse aufschlagen und vorsichtig ins siedende Wasser gleiten lassen. Die Temperatur reduzieren und die Eier 3-4 Minuten ziehen lassen. Dann mit einem Schöpflöffel herausnehmen und sofort servieren, am besten auf einem Toast.

Spiegeleier

In einer Bratpfanne reichlich Öl, Butter oder Margarine erhitzen, aber nicht zu heiß werden lassen. Wenn das Fett spritzt, ist es zu heiß für das Spiegelei, das vorsichtig in die Pfanne gelassen wird. Je nach Geschmack bleibt das Ei mehr oder weniger länger im heißen Fett, am idealsten ist es, wenn es noch leicht wabbelig ist. Manche braten sich die Spiegeleier auch beidseitig an, was allerdings einiges Geschick bedarf. Am beliebtesten sind Spiegel-

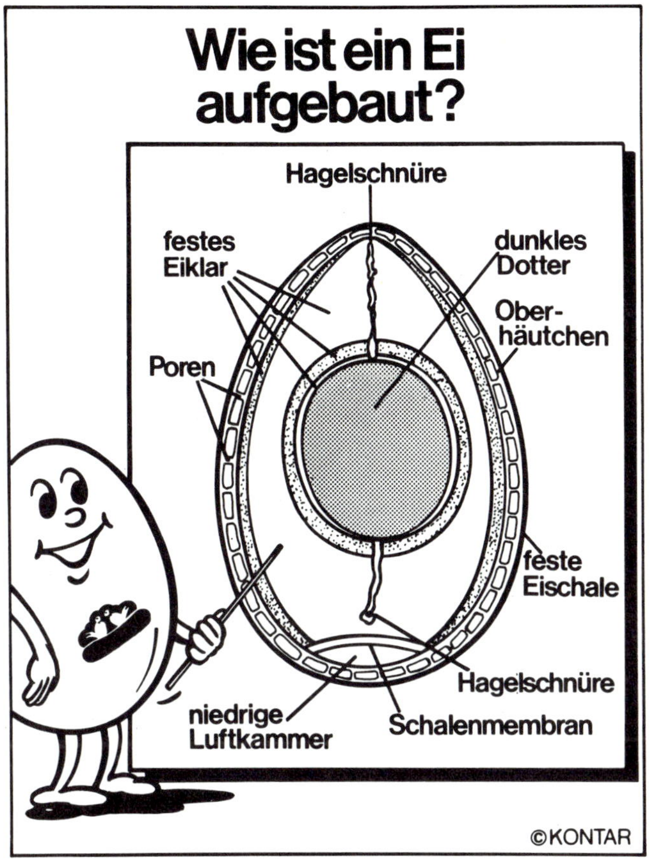

eier immer noch mit Speck oder mit Schinken.

Rühreier

Für zwei Personen benötigt man vier Eier, Salz und Pfeffer, zwei Eßlöffel Sahne oder Milch und etwa 30 Gramm Butter. Die Eier werden zusammen mit den Gewürzen leicht geschlagen. Dann wird die Sahne zugegeben und das Ganze noch einmal kräftig durchgerührt. Wenn die Butter in der Pfanne leicht schäumt, wird die Eimasse hineingegossen und mit einem Kochlöffel umgerührt. Wichtig dabei ist, daß die Hitze sehr schwach ist. Wenn die Eier cremig werden, vom Herd nehmen und noch kurze Zeit in der heißen Pfanne nachstocken lassen.

Gebackene Eier

Man kann entweder das Ei in einer Pfanne anbraten und dann im heißen Backofen nachgaren lassen oder man bedeckt nach dem Anbraten die Pfanne mit einem Deckel. In beiden Fällen stockt das Eiweiß über dem Eigelb. Gesalzen wird übrigens nur das Eiweiß.

Frittierte Eier

In einer Pfanne oder einem tiefen Topf wird reichlich Butterschmalz oder Kokosfett so lange erhitzt, bis es fast raucht. Das Ei aufschlagen, hineingleiten lassen und mit einem Holzlöffel das Eiweiß, das sofort stockt, über das Eigelb ziehen. Die runde oder ovale Form goldgelb ausbacken.

Omeletts

Viele scheuen sich davor, ein Omelett zuzubereiten, weil es angeblich sehr schwierig ist. Aber wer den Dreh raus hat, wird immer wieder ein Omelett in alle möglichen Variationen kochen.Hier die Anleitung für ein Omelett für eine Person: Zunächst Butter in einer heißen Pfanne zerlassen. Währenddessen zwei oder drei Eier (je nach Größe) zerrühren und etwas Salz, Pfeffer und etwa einen Esslöffel Wasser zugeben. Dann bei größerer Hitze die Eimasse eingießen und in der Pfanne verteilen. Wenn das Omelett am Boden fest wird und an der Oberfläche noch leicht feucht ist, zur Hälfte zusammenklappen und servieren. Durch die Eigenhitze stockt die feuchte Masse noch etwas nach. Ein Trick: Damit die Eimasse nicht ansetzt, die Pfanne mit etwas Salz bestreuen, erhitzen und dann mit Haushaltspapier ausreiben. Anschließend den Staub entfernen.

Register

Drinks & Süßspeisen

Bildnachweis:

Titelfoto/Rücktitel: Deutsche Ei-Information

Deutsche Ei-Information: S. 6/7, 20, 21, 25, 27, 31, 32, 36/37, 38, 41, 42, 43, 44, 46, 47, 48, 49, 51, 52, 53, 54, 55, 58, 59, 61, 62, 65, 66, 70, 71, 72, 73, 76, 80, 84, 86, 88, 89, 90, 96, 97, 102, 104, 113, 114, 120/121, 125, 127, 129, 131, 133, 135, 137, 138/139

CMA: S. 14/15, 16, 17, 19, 22, 28, 29, 33, 35, 39, 56/57, 64, 67, 68/69, 77, 78, 79, 81, 82/83, 87, 91, 95, 98/99, 101, 116

Studio Teubner: S. 18, 24, 26, 30, 34, 40, 45, 60, 74, 75, 92, 93, 94, 111, 115, 119

Schwartauer Werke: S. 100, 103, 105, 107, 110, 112, 117

Archiv für Kunst und Geschichte, Berlin: S. 9, 10/11, 13

Alpensahne: S. 85
U.S.Quality Food: S. 106
Komplett-Büro: S. 108